Taunus

Ulrich Tubbesing

Taunus

50 ausgewählte Tal- und Höhenwanderungen im Lahntal,
Naturpark Nassau, Rhein-Taunus, Rheingau und Hochtaunus

Mit 68 Farbfotos, 50 Wanderkärtchen im Maßstab 1:50.000,
1:75.000 und 1:100.000 sowie
einer Übersichtskarte im Maßstab 1:500.000

BERGVERLAG ROTHER GMBH · MÜNCHEN

Umschlagbild: Schloß Braunfels.
Bild gegenüber dem Titel (Seite 2): Blick vom Spitznack zur Loreley.
Alle Fotos stammen vom Autor.

Kartografie:
Wanderkärtchen im Maßstab 1:50.000 / 1:75.000 / 1:100.000 und
Übersichtskarte im Maßstab 1:1.000.000
Rolle-Kartografie, Holzkirchen
Übersichtskarte im Maßstab 1:500.000 © Freytag & Berndt, Wien

Die Ausarbeitung aller in diesem Führer beschriebenen Wanderungen erfolgte nach bestem Wissen und Gewissen des Autors.
Die Benutzung dieses Führers geschieht auf eigenes Risiko.
Soweit gesetzlich zulässig, wird eine Haftung für etwaige Unfälle und Schäden jeder Art aus keinem Rechtsgrund übernommen.

3. Auflage 2006
© Bergverlag Rother GmbH, München
ISBN 3-7633-4152-8
(ISBN-13: 978-3-7633-4152-8)

ROTHER WANDERFÜHRER

Achensee · Algarve · Allgäu 1, 2, 3, 4 · Altmühltal · Andalusien Süd · Aostatal · Appenzell · Arlberg · Außerfern · Auvergne · Azoren · Bayerischer Wald · Berchtesgaden · Bergisches Land · Berner Oberland Ost, West · Bodensee · Böhmerwald · Bozen · Brandnertal · Bregenzerwald · Bretagne · Chalkidiki · Chiemgau · Chur · Cinque Terre · Comer See · Costa Brava · Costa Daurada · Côte d'Azur · Dachstein-Tauern · Dauphiné · Davos · Dolomiten 1, 2, 3, 4, 5, 6 · Eifel · Elba · Elbsandstein · Elsass · Ober-, Unterengadin · Erzgebirge · Fichtelgebirge · Fränkische Schweiz · Fuerteventura · Gardaseeberge · Gasteinertal · Genfer See · Gesäuse · Glarnerland · Glockner-Region · Gomera · Gran Canaria · Grazer Hausberge · Gruyère-Diablerets · Hamburg · Harz · Hawaii · Hochkönig · Hochschwab · Hunsrück · Ibiza · Innsbruck · Irland · Isarwinkel · Island · Istrien · Julische Alpen · Jura · Kaiser · Kärnten · Karwendel · Kaunertal · Kitzbüheler Alpen · Korsika · Kraichgau · Kreta Ost, West · Lago Maggiore · Languedoc-Roussillon · Lanzarote · Madeira · Mallorca · Meran · Montafon · Mont Blanc · Golf von Neapel · Nockberge · Norische Region · Norwegen Süd · Odenwald · Ossola-Täler · Osttirol Nord, Süd · Ötscher · Ötztal · La Palma · Pfälzerwald · Pinzgau · Pitztal · Pongau · Provence · Pyrenäen 1, 2 , 3 · La Réunion · Rhodos · Rhön · Riesengebirge · Rom-Latium · Salzburg · Salzkammergut · Samos · Sardinien · Sauerland · Schottland · Schwäbische Alb Ost, West · Schwarzwald Nord, Süd · Schweden Süd und Mitte · Seealpen · Seefeld · Sizilien · Spessart · Steigerwald · Steirisches Thermenland · Steirisches Weinland · Sterzing · Stubai · Surselva · Tannheimer Tal · Hohe Tatra · Hohe Tauern Nord · Tauferer Ahrntal · Taunus · Tegernsee · Teneriffa · Tessin · Teutoburger Wald · Thüringer Wald · Toskana Nord · Überetsch · Vanoise · Vierwaldstätter See · Vinschgau · Vogesen · Vorarlberg · Wachau · Ober-, Unterwallis · Weinviertel · Weserbergland · Wien · Wiener Hausberge · Zillertal · Zirbitzkogel-Grebenzen · Zugspitze · Zürichsee · Zypern

Wir freuen uns über jeden Korrekturhinweis zu diesem Wanderführer!
BERGVERLAG ROTHER · München
D-85521 Ottobrunn · Haidgraben 3 · Tel. (089) 608669-0
Internet www.rother.de · E-Mail leserzuschrift@rother.de

Vorwort

Der Taunus, Land der Bäder, Berge und Burgen, bildet den südöstlichen Eckpfeiler des Rheinischen Schiefergebirges zwischen Main, Lahn, Rheintal und Wetterau. Geologisch besteht dieses klar umgrenzte Viereck aus devonischen Gesteinen, durchsetzt von Quarzitadern. Vor allem dem harten, in schönen Felsgebilden zutage tretenden Quarzit verdankt die Landschaft ihr bewegtes Relief. Rückgrat des Taunus ist die sogenannte Höh, ein ca. 70 km langer, im Großen Feldberg (881 m) gipfelnder Kammrücken, dessen südlicher Steilabfall der Region um Frankfurt ihre typische gebirgsähnliche Silhouette verleiht. Für die kalten Nordwinde wirkt die Höh wie eine Barriere. Ihre Südseite zählt zu den mildesten Gegenden Hessens. In Kronberg z.B. gedeihen sogar Edelkastanien. Die zahlreichen Mineralquellen ließen hier berühmte Kurorte wie Bad Homburg, Königstein oder Bad Soden entstehen, in denen sich Ende des 19. Jh. die Großen der Welt ihr Stelldichein gaben. Klimatisch begünstigt ist auch der fruchtbare Rheingau. Seine Weinhänge breiten sich im Schutz der Taunusberge längs des Rheintals aus. Dieser 45 km lange Landstrich mit seinen Klöstern, Schlössern und Adelssitzen gehört zu den ältesten Kulturräumen Deutschlands. Sinnbild der Romantik ist der Mittelrhein. Seine Burgenkette, vor allem aber der Loreleyfelsen üben auf Besucher aus aller Welt eine magische Anziehungskraft aus. Nicht ganz so grandios, dafür lieblicher, intimer, wirkt das vielgewundene Tal der Lahn, das mit seinen schmucken Fachwerkstädtchen den Taunus nordseitig gegen den Westerwald abgrenzt. Den Raum zwischen Lahntal und der »Höh« bedeckt die sanftgewellte Hochfläche des Hintertaunus, aufgelockert durch die malerischen Flußläufe von Weil, Wisper, Aar und Ems.
Überall im Taunus trifft man auf Spuren der Vergangenheit. Älteste kulturhistorische Zeugnisse sind die keltischen Ringwälle am Altkönig. Aus römischer Zeit haben sich weite Teile des Limes erhalten. Als »Saalburg« kann das einzige rekonstruierte Römerkastell bewundert werden. Von der bewegten Geschichte des Mittelalters berichten die zahlreichen Burgruinen, die unübersehbar von beherrschender Höhe herabschauen.
Ungeachtet der Nähe zum Ballungsraum Frankfurt / Wiesbaden sind die ausgedehnten Laubwälder des Taunus, seine Bergkämme und Talschluchten Oasen der Stille geblieben, Refugien des unbeschwerten Wanderns. Dank der ehrenamtlichen Tätigkeit des Taunusklub e.V. (Bad Soden) sowie des Rhein-Taunus-Klub e.V. (Wiesbaden) existiert ein flächendeckendes, dichtgeknüpftes Wegenetz, das Ein- und Mehrtagestouren in jeder Kombination und Länge erlaubt. Alle hier vorgestellten Touren sind von mir persönlich begangen und die Wegstrecken in ihrem vorgefundenen Zustand beschrieben worden. Für zwischenzeitlichen Veränderungen sind Verlag und Verfasser für jede Mitteilung dankbar.

Bielefeld, Frühjahr 2006   Ulrich Tubbesing

Inhaltsverzeichnis

Vorwort 5
Touristische Hinweise 8
Übersichtskarte 14

Lahntal und Naturpark Nassau 16
 1 Vier-Türme-Tour um Wetzlar 18
 2 Rund um Cleeberg 20
 3 Im Land der Solmser Grafen 22
 4 Zum Möttauer Weiher 24
 5 Kuhbacher Kristallhöhle 26
 6 Rund um Bad Camberg 28
 7 Von Runkel nach Diez 30
 8 Zwischen Burg Hohlenfels und Burg Schwalbach 34
 9 Naturdenkmal Gabelstein 36
10 Durchs wildromantische Mühlbachtal 38
11 Im Blauen Ländchen 40
12 Von Adolfseck zur Ruine Hohenstein 42
13 Von Lahnstein nach Bad Ems 44

Rhein-Taunus und Rheingau 46
14 Im Banne der Marksburg 48
15 Die »Feindlichen Brüder« 50
16 Zur Loreley 54
17 Von Lorch nach Kaub 58
18 In den Waldschluchten des Wispertals 62
19 Auf der Rheingauer Alp 64
20 Im Wisper- und Werkerbachtal 66
21 Vom Wispersee zur Wisperquelle 68
22 Auf dem Rheingauer Rieslingpfad 70
23 Rüdesheim und Umgebung 74
24 Schlösser über den Weinbergen 76
25 Vom Kloster Eberbach zur Hallgarter Zange 78
26 Zwischen Kiedrich und Rauenthal 80
27 Das »Rheingauer Gebück« 82
28 Rund um Schlangenbad 84
29 Waldsee und Wisperblick 86
30 Über die Hohe Wurzel 88
31 Von Frauenstein zum Grauen Stein 90
32 Wiesbadener Wanderwege 92
33 Kellerskopf und Jagdschloß Platte 94
34 Von Idstein zum Kastell Zugmantel 96

	Hochtaunus	98
35	Felsen am Dattenberg	100
36	Rund um Eppstein	102
37	Atzelberg und Rossert	104
38	Von Hofheim zum Kapellenberg	106
39	Bad Sodener Frühlingstraum	108
40	Drei-Burgen-Tour	110
41	Großer Feldberg und Altkönig	112
42	Saalburg und Hessenpark	114
43	Bad Homburg	116
44	Von Schmitten auf den Feldberg	118
45	Zum Aussichtsturm Pferdskopf	120
46	Zu den Eschbacher Klippen	122
47	Über dem Weiltal zum Weiltalblick	124
48	Über dem Weiltal zur Landsteiner Mühle	126
49	Über den Winterstein	128
50	Den Römern auf der Spur	130

Stichwortverzeichnis 132

Touristische Hinweise

Geographie
Der Taunus liegt zwischen dem Unterlauf der Lahn im Norden, dem Mittelrhein im Westen, dem Maintal im Süden und der Wetterau im Osten. Seine Ausdehnung beträgt in Südwest-Nordostrichtung etwa 80 km; in Nord-Südrichtung bis 50 km. Höchster Punkt ist mit 881 m der Große Feldberg.

Verkehrverbindungen
a) Straße:
Infolge seiner Nähe zu den Ballungsräumen Frankfurt / Wiesbaden im Süden, Gießen / Wetzlar im Nordosten und Koblenz in Nordwesten ist das Taunusgebiet straßenmäßig gut erschlossen. Die Autobahnen A 45 und A 5 passieren den Taunus ostseitig, die A 3 verläuft in Nord-Südrichtung durch den Taunus, und am Südrand verbindet die A 66 Frankfurt mit Wiesbaden. Busverkehr besteht prinzipiell zu allen Ortschaften. Die kleineren werden allerdings nur spärlich bedient. Streckenwanderungen in diesem Führer stützen sich deshalb ausschließlich auf Bahnverbindungen.
b) Bahn:
Hauptstrecke im Norden ist die Lahntalbahn Gießen – Koblenz. Die dichte Kette der Bahnhöfe und der Stundentakt sind ideal für Streckenwanderungen. Einzige Querverbindung von Nord nach Süd ist die Strecke Limburg – Frankfurt. Wichtige Bahnverbindung im Osten ist die Strecke Gießen – Bad Nauheim – Frankfurt. Im Süden führen zahlreiche S-Bahnlinien von Frankfurt bzw. Wiesbaden in den Taunus, dazu die Bahnlinie Frankfurt – Grävenwiesbach. Hauptlinie im Westen ist die Verbindung Wiesbaden – Koblenz. Auch sie begünstigt Streckenwanderungen.
c) Schiffsverkehr:
Lahn: Personenschiffahrt »Lahnstolz« (✆ 02603/4376; Fax 06432/88374)
Rhein: »Köln-Düsseldorfer« (✆ 0221/2088318) und »Bingen-Rüdesheimer« (✆ 06721/14140)

Touristikrouten (Auto)
1) Die 80 km lange *Bäderstraße* (B 260) über die westlichen Taunushöhen verbindet die weltberühmten Kurorte zwischen Rhein und Lahn.
2) Die *Hochtaunusstraße* erschließt auf 60 km die Sehenswürdigkeiten rund um die Höh.
3) Die *Deutsche Fachwerkstraße* verbindet die historischen Fachwerkorte am Südrand des Taunus.
4) Die *Rheingauer Rieslingroute* führt über 75 km durch die Weinberge von Hochheim bis Lorchhausen.

Eltvilles alte Weinpresse, Zeichen einer langen Weinbautradition.

Sanfte Weinhänge wie hier bei Eberbach sind typisch für den Rheingau.

5) Die *Lahn-Ferienstraße* gilt den Sehenswürdigkeiten, den Burgen, Kirchen und Fachwerkstädten von Wetzlar bis Lahnstein.
6) Die *Solmser Straße* führt durch das Solmser Land und berührt zwischen Wetzlar, Braunfels und Butzbach den nordöstlichen Zipfel des Taunus.

Tierparks
1) Opelzoo in Kronberg; ganzjährig geöffnet ab 8.30 Uhr.
2) Vogelburg in Hasselbach / Weilrod; ornithologischer Lehrpfad, ganzjährig geöffnet von 10–18 Uhr.
3) Wildpark »Tiergarten Weilburg« im Stadtteil Hirschhausen; ehem. Jagdgarten der Grafen Nassau-Weilburg; ✆ 06471/31424.
4) Fasanerie Wiesbaden, Tier- und Pflanzenpark, Wolfsdressuren; 8–18 Uhr.
5) Falknerei auf dem Gr. Feldberg; älteste Falknerei Hessens; bei gutem Wetter Greifvogel-Freiflugschau; geöffnet von April bis November täglich 10–18 Uhr.
6) Adlerwarte Rüdesheim (am Niederwalddenkmal) sowie Tierpark am Jagdschloß Niederwald; geöffnet täglich 9–18 Uhr.

Freizeitparks
1) Taunus-Wunderland bei Schlangenbad; Familien-Freizeitpark mit Zoo, Superrutsche, Westernstadt, Sagenwelt und Spielanlagen; geöffnet April bis Ende September 10–18 Uhr.

2) Familienfreizeitpark Ponyhof-Lochmühle bei Wehrheim im idyllischen Erlenbachtal nahe Bahnhof Saalburg; großes Freizeitangebot einschließlich Streichelzoo und Kutschfahrten; geöffnet Mai bis Oktober 9–18 Uhr.

Freilichtmuseen, Schauhöhlen, technische Kulturdenkmäler
1) Römerkastell Saalburg bei Bad Homburg; Busverbindung; Bahnhof Saalburg; ganzjährig ab 8 Uhr geöffnet.
2) Hessenpark in Neu Anspach an der B 456; Dorfmuseum mit Wohnhäusern, Scheunen und Ställen; geöffnet von Ende März bis Anfang November 10–17 Uhr.
3) Kubacher Kristallhöhle in Weilburg-Kubach mit Freilicht-Steinemuseum, größte Schauhöhle Deutschlands; geöffnet April bis Oktober an Wochenenden und Feiertagen 10–17 Uhr; Montag bis Freitag 14–16 Uhr.
4) Leichtweißhöhle bei Wiesbaden; ehemalige Behausung des Räubers Leichtweiß; Führungen von April bis Oktober an Sonn- und Feiertagen 13.30–18 Uhr; mittwochs 10–14 Uhr und freitags 13.30–18 Uhr.
5) Nerobergbahn in Wiesbaden; Standseilbahn von 1888 mit Wasserlast; verkehrt Mai bis August täglich 9.30–19 Uhr.
6) Nassauische Touristikbahn (Museumsbahn Aartal) verkehrt zwischen Wiesbaden-Dotzbach und Hohenstein von Ostern bis 1. Oktober an Sonn- und Feiertagen viermal täglich.

Beste Jahreszeit
Für die Obstblüte am Südfuß des Taunus oder im Rheingau Mitte April bis Anfang Mai; für die Hochlagen von Mitte Mai bis Anfang November. Weinwanderungen bieten sich vor allem für den Herbst an. Dann entwickelt auch das Laubdach der Bergkämme seine schönsten Farben. Zu beachten ist, daß Burgen, Freizeitparks bzw. Freilichtmuseen oft nur bis Anfang / Mitte Oktober zu besuchen sind.

Ausrüstung / Wanderwege
Die überwiegende Mehrzahl der Wandervorschläge verläuft auf leicht begehbaren Wegen. Neben leichten Wanderschuhen (keine Bergstiefel!), Regenschutz und Karte ist keine spezielle Ausrüstung nötig. Die Markierungen und Ausschilderungen sind meist hervorragend, dank der ehrenamtlich tätigen Wegemarkierer des Taunusklubs und des Rhein-Taunus-Klubs. Die im Führer vorgeschlagenen Wanderungen folgen fast alle gut bezeichneten Routen. Entsprechend problemlos ist die Orientierung. Trotzdem können Markierungssymbole hier und da mit gefällten Bäumen verschwinden oder überwachsen, Kahlschläge und neue Forstwege bringen Veränderungen. Außerdem läßt manchmal schon eine kleine Unachtsamkeit den entscheidenden Wegabzweig verpassen. Deshalb sollte bei jeder Wanderung eine gute topographische Karte zum unverzichtbaren Begleiter werden.

Tourenvorschläge

Alle Wanderungen lassen sich als Tagestouren ausführen. Zumeist sind es Rundkurse, deren Ausgangspunkte (Wanderparkplätze) häufig im Bereich öffentlicher Verkehrsmittel liegen. Bei den Streckenwanderungen erfolgt stets eine genaue Angabe der Rückfahrmöglichkeiten per Bahn oder Schiff. Für Mehrtagestouren empfehlen sich nachfoldend aufgeführte Weitwanderwege.

Weitwanderstrecken

1) *Lahnhöhenweg* zwischen Wetzlar und Lahnstein; taunusseitig *schwarzes L auf weißem Grund*.
2) *Taunushöhenweg (T)* von Butzbach (Bahnhof) über alle namhaften Taunusgipfel bis Wiesbaden.
3) *Rheinhöhenweg (R)* über die westlichen Taunuskämme von Wiesbaden bis Lahnstein.
4) *Rheingauer Rieslingpfad (Kelch)* durch die Weinberge von Hochheim bis Kaub.
5) *Rhein-Wein-Wanderpfad (RP)* von Kaub bis Bornhofen.
6) *Limesweg (Wachturm)* quer durch den Taunus von Bad Ems (Bahnhof) bis Butzbach (Bahnhof).
7) *Wisperweg (W)* von Bad Schwalbach bis zur Wispermündung in Lorch.
8) *Rheinsteig (Weißes R auf blauem Grund)*, anspruchsvoller Wanderpfad von Wiesbaden nach Koblenz (und weiter nach Bonn).

Zum Gebrauch des Führers

Die wichtigsten Informationen wie Talort, Ausgangspunkt, Zielort und Weglänge sind stichwortartig am Beginn jeder Route zusammengestellt. Grundlage der Schreibweise und der Entfernungsangaben sind die amtlichen Karten im Maßstab 1:50.000. Das Register enthält alle wichtigen im Text vorkommenden Flur- und Ortsnamen, und die Übersichtskarten (Seite 14/15 und Rückumschlag) zeigen die geographische Position der jeweiligen Tour.

Gehzeit

Die Gehzeiten beziehen sich auf ein durchschnittliches Marschtempo von 4 km pro Stunde, ohne Pausen. Größere Höhenunterschiede können die Marschgeschwindigkeit beeinträchtigen. Außerdem muß für Sehenswürdigkeiten eine zusätzliche Zeitreserve eingeplant werden.

Topographische Wanderkarten

Zu empfehlen sind die Topographischen Freizeitkarten des Landesvermessungsamtes Hessen im Maßstab 1:50.000:
1) Taunus östlicher Teil (TS Ost).
2) Taunus mittlerer Teil (TS Mitte).
3) Taunus westlicher Teil (TS West).
4) Lahn-Dill, Blatt Süd.

Hinweis auf die Römerzeit gibt der rekonstruierte Wachturm bei Butzbach.

Adressen

1) Taunusklub e.V., Odenwaldstraße 10, 65812 Bad Soden am Taunus, ✆ 06196/23322.
2) Rheintaunus-Taunus-Klub e.V., Nonnenwaldweg 35, 65388 Schlangenbad, ✆ 06129/2106.
3) Hessischer Fremdenverkehrsverband e.V., Postfach 3165, 65021 Wiesbaden, ✆ 0611/7788022, Fax 0611/7788040.
4) Fremdenverkehrsverband Rhein-Taunus e.V., Rheinstraße 5, 65385 Rüdesheim, ✆ 06722/3041, Fax 06722/407101.
5) Fremdenverkehrsverband Lahn-Taunus e.V., Konrad-Kurzbold-Straße, 65549 Limburg/Lahn, ✆ 06431/296221, Fax 06431/296444.
6) Fremdenverkehrsverband Main+Taunus e.V., Kisselstraße 7, 61348 Bad Homburg v.d.Höhe, ✆ 06172/178-352, Fax 06172/178-319.

Internet: Auf der Website www.rother.de des Bergverlags Rother finden Sie zahlreiche nützliche Internet-Links zum Taunus.

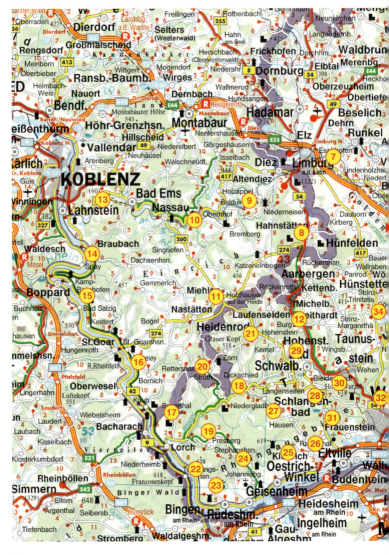

Das Lahntal und der Naturpark Nassau

Lahn = Longana bedeutet soviel wie »Langes Wasser«. Gut 240 km benötigt das Gebirgsflüßchen, um aus dem Quellgebiet im Siegerland den Rhein zu erreichen. Besonders ihr Unterlauf, der in tief eingebrochenen Windungen den nördlichen Taunusrand gegen den Westerwald abgrenzt, gilt als eine der anmutigsten Flußlandschaften Deutschlands. Dabei zeigt die Lahn zwei völlig verschiedene Gesichter. Dort, wo sie bei der alten Reichsstadt Wetzlar in den Taunusbereich eintritt, säumen flache Auen ihr Ufer. Weiter westwärts schnürt steiler Fels zunehmend ihr Bett ein. In immer neuen Biegungen muß das Wasser den Hindernissen ausweichen. Burggekrönte Berge treten dicht an den Fluß und reihen sich wie grüne Wogen hintereinander auf.

Für Ansiedlungen bleibt im Talgrund wenig Platz. Das Barockjuwel Weilburg z.B. thront auf einem Felssporn über der Lahn, auch die Zweiburgenstadt Runkel liegt erhöht. Dann folgt noch einmal ein flaches Becken, in dem sich das malerische Limburg ausbreitet, die schönste aller Lahnstädte. Beherrschend ragen die sieben Türme des Domes empor, um den sich in rot-weißem Fachwerk eine bemerkenswert geschlossene Altstadt gruppiert. Hinter der Oranierstadt Diez wird das Flußtal wieder schmal und kurvig. Balduinstein grüßt mit seiner weithin sichtbaren Schaumburg, Obernhof, die »Perle des Lahntals«, wartet mit dem Kloster Arnstein auf, und das geschichtsträchtige Nassau zeigt die Stammburg des gleichnamigen Grafenhauses.

Im tradionsreichen Kurort Bad Ems liegt die Talsohle bereits 200 m tief zwischen den Waldhängen eingeschnitten, 150 m tiefer als noch in Wetzlar. Unter Burg Lahneck bei Lahnstein mündet die Lahn schließich in den Rhein. Die wichtigsten Lahn-Nebenflüsse sind taunusseitig die Aar, die an sanftgeformten Waldbergen und historischen Burgorten entlangeilt, des weiteren die am Feldberg entspringende Weil und schließlich der Solmser Bach, der nahe des märchenhaften Braunfels in die Lahn mündet. Auch das Emsbachtal verdient Beachtung. Es weitet sich bei Bad Camberg zum fruchtbaren Goldenen Grund und speist die bekannten Mineralbrunnen in Selters. Vergleichsweise kurz, aber dafür eng und felsig sind das Jammer- und das Mühlbachtal. Ihre Quellbäche kommen aus dem Blauen Ländchen, wo einst die Blaufärber ihre Tuche wuschen. Das »Blaue Ländchen« ist auch die Heimat des legendären Schinderhannes. Sein Geburtshaus in Miehlen erzählt die Lebensgeschichte jenes Räuberhauptmanns J. Bückler, der in der nahen Schinderhanneshöhle häufigen Unterschlupf gefunden haben soll.

Älteste, deutlich sichtbare Besiedlungsspuren im Naturpark Nassau stammen aus der Eisenzeit, wie z.B. die Reste einer Fliehburg bei Singhofen. Römischen Ursprungs ist das gut erhaltene Limeskastell Holzhausen. Nach den Römern und Alamannen begann unter den Franken die Epoche der Reichsvögte und Klöster. Später erstarkten die Nassauer- und Katzenelnbogener Grafenhäuser. Bis zu ihrem Aussterben 1479 brachten vor allem die

Der Dom zu Wetzlar ist das Wahrzeichen des Lahntals.

Katzenelnbogener Grafen große Teile des heutigen Rheintaunus unter ihre Kontrolle. Auch das Erzbistum Mainz erweiterte vom Rhein her seinen Besitz, und das Erzstift Trier konnte seinen Einfluß von Norden her bis Limburg ausdehnen. Unter Napoleon wurden diese kirchlichen Besitztümer dem Hause Nassau zugeschlagen, das aber 1866 wegen seiner Parteinahme für Österreich alles Land an Preußen verlor. Nach dem Zweiten Weltkrieg ging die preußische Provinz Hessen-Nassau in den Bundesländern Rheinland-Pfalz und Hessen auf. Zu diesem Zeitpunkt war das Lahntal noch geprägt von der Eisen- und Bleierzgewinnung, den Schiefergruben und der Marmorindustrie. Stollen und Abraumhalden künden davon.
Nach Auflösung dieser Rohstoffindustrie hielt der Fremdenverkehr Einzug, der durch die Schaffung des Naturparks zusätzlichen Auftrieb bekam. Biker folgen dem Lahnradweg, Kanuten befahren den ruhig dahinströmenden Fluß, und dem Wanderer erschließt der vorbildlich angelegte Lahnhöhenweg den gesamten nördlichen Taunusrand.
Der Begriff »Nassauern«, also auf anderer Leute Kosten leben, geht übrigens auf eine Großzügigkeit des Herzogs von Nassau zurück. Er gewährte seinen Studenten an der Göttinger Universität einen Freitisch. Der wurde allerdings manchmal auch von Unbefugten in Anspruch genommen, die auf solche Weise »nassauerten«.

1 Vier-Türme-Tour um Wetzlar

Ein gewaltiger Dom und ein falscher Kaiser

Altstadt – Bismarckturm – »Bleistift« – Stoppelberg – Kalsmunt – Altstadt

Ausgangspunkt: Bahnhof oder Parkplatz Lahninsel in Wetzlar.
Gehzeit: 4–4½ Std.
Weglänge: 16 km, bei Ausgangspunkt Bahnhof 18 km.
Höhenunterschied: 420 m.
Markierung: Rote 1.
Anforderungen: Leichte Wanderung auf naturnahen Wegen.
Einkehrmöglichkeit: Kirschenwäldchen.
Karte: TS Ost.

Geschichte auf Schritt und Tritt vermittelt ein Besuch in Wetzlar, das Kaiser Barbarossa 1180 zur freien Reichsstadt erhob. Zwischen 1695 und 1803 residierte hier das Reichskammergericht, damals der höchste Gerichtshof im Heiligen Römischen Reich Deutscher Nation. Wahrzeichen Wetzlars ist der gewaltige Dom mit seiner Fassade aus verschiedenen Stilepochen. Zur Geschichte Wetzlars gehören auch die vier Türme auf den Anhöhen vor der Stadt. Während Grabenheimer und Brühlsbacher Warte Teil der mittelalterlichen Landwehr waren, entstammt der Bergfried auf dem Kalsmunt einer stauferschen Burg aus dem 12. Jh. Heute dienen sie alle der friedlichen Ausschau, ebenso wie der 1929 errichtete Stoppelbergturm.

Der bestens markierte *Vier-Türme-Weg* (*rote 1*) beginnt an der historischen Lahnbrücke (13. Jh.), durchmißt die **Altstadt** und steigt bei der Hauser Mühle gegen den Lahnberg empor. Auf der Höhe steht zwischen Feldgehölz die 1901 zum **Bismarckturm** umgebaute **Garbenheimer Warte**. Längs der alten Landwehr verläuft *Nr. 1* über die Kühmark und taucht hinter der Frankfurter Straße in den idyllischen **Kaisersgrund** ein. Unten, beim Teich, erinnert ein Gedenkstein an Tile Kolup, den »Falschen Kaiser«. Kolup gab sich 1285 als Friedrich II. aus und zog nach Wetzlar, um Rudolf von Habsburg zu treffen. Dort wurde er entlarvt und hingerichtet.

Eine neuerliche Bergetappe gilt der **Brühlsbacher Warte**, die wegen ihrer spitzen Form im Volksmund auch »**Bleistift**« heißt. 1392 fiel sie Kriegshand-

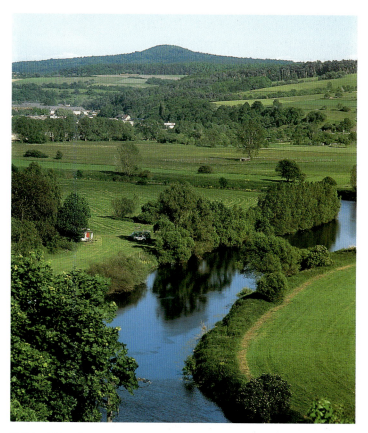

Weithin sichtbar überragt der Stoppelberg das Lahntal.

lungen zum Opfer und wurde erst 1921 wiedererrichtet. Monoton wirkt anschließend die Siedlung, ehe rechts ein Waldweg zum **Stoppelberg** abzweigt. Vom Turm bringt eine längere Gefällstrecke zum »Kirschenwäldchen« und weiter in den Wetzbachgrund. Ein kräftiger Anstieg noch, dann liegt dem Wanderer oben auf dem **Kalsmunt** ganz Wetzlar zu Füßen. Vom Burgtor schlängelt sich ein Zickzackpfad hinab ans Lahnufer, wo die Wanderung in einer stimmungsvollen Pappelallee Richtung **Altstadt** ausklingt.

2 Rund um Cleeberg

Im idyllischen Seegrund

Cleeberg – Jagdhof – Seegrund – Cleebaum – Cleeberg

Ausgangspunkt: Bushaltestelle Cleeberg-Unterdorf.
Gehzeit: 2½ Std.; mit Cleebaum 3½ Std.
Weglänge: 12 km, mit Cleebaum-Umrundung 16 km.
Markierung: Liegendes Y, blauer Strich, Fuchs, schwarzer Punkt.
Höhenunterschied: 280 m, mit Cleebaum 330 m.
Anforderungen: Bequeme Waldwege.
Einkehrmöglichkeit: Cleeberg-Unterdorf.
Karte: Lahn-Dill Süd.

Von Waldkämmen dicht umschlossen liegt das verträumte Cleeberg im engen Grund des Kleebachs. Nur der alte Ortsteil »klebt« hoch am Hang, im Schutze einer mittelalterlichen Burg. Angelegt wurde sie auf römischen Fundamenten um 1150. Mit dem Aussterben des letzten Cleeberger Grafen 1219 blieb Cleeberg über Jahrhunderte ein Zankapfel unter den verschiedenen Gauerben, bis die 1547 schloßähnlich umgebaute Anlage Anfang des 19. Jh. an Nassau kam. Erhalten sind der gedrungene Bergfried sowie der markante

Wohnbau, dessen abgerundete Flanke schiffsbugartig gegen die Talseite vorspringt. Das Innere der Burganlage ist für Besucher nicht zugänglich. Dafür gibt es neben dem gotischen Kirchlein aus dem 14. Jh. eine Reihe hübscher Fachwerkhäuser zu bewundern, darunter das Rathaus von 1574. Außerdem animiert die Abgeschiedenheit Cleebergs zu einer beglückenden Rundwanderung, die im Wechselspiel der Eindrücke über freie Höhen, durch stille Laubwälder und in lauschigen Talwinkeln verläuft.

Ausgangspunkt ist die Bushaltestelle im **Unterdorf**. Aulbach- und Schloßstraße leiten aufwärts ins **Oberdorf**, und von der **Burg** zieht das *liegende Y* via »Obere Pforte« und Ferienhaussiedlung zum Ort hinaus. Oberhalb der Kreisstraße gewinnt *Y* zwischen Grünland die Wegscheide am Waldrand, wo sich vom Rastplatz ein herrlicher Rückblick auftut.

Die neue Markierung heißt *blauer Strich*. Sie passiert links haltend das Gestüt **Jagdhof**, erreicht hinter der Querstraße in sanftem Gefälle die Wegkreuzung **Dicke Eiche** und taucht schließlich in den stimmungsvollen **Seegrund** ein. Unten im Wiesentälchen quert *blauer Strich* den Kleebach. Auf der anderen Seite folgt links der *Fuchs* dem lauschigen Uferweg, in den später *schwarzer Punkt* einmündet. Nach den Forellenteichen tritt der Wald zurück und gibt den Blick auf Cleeberg frei.

Während links beim **Forsthaus** *Fuchs* zu einer kurzweiligen Umrundung des **Cleebaum** abzweigt, leitet *schwarzer Punkt* geradeaus wieder ins **Unterdorf**.

Ausgangspunkt hübscher Wanderwege ist die Burg Cleeberg.

3 Im Land der Solmser Grafen

Märchenhaftes Braunfels

Braunfels – Philippstein – Bermbach – Hirschhausen – Braunfels

Ausgangspunkt: Marktplatz Braunfels.
Gehzeit: 3½ Std.
Weglänge: 16 km.
Höhenunterschied: 250 m.
Markierung: X, Dreieck, L.

Anforderungen: Leichte Wanderung, teils Hartbelag und nur wenig Schatten.
Einkehrmöglichkeit: Braunfels, Philippstein, Bermbach.
Karte: TS Ost.

Im 750 Jahre alten Braunfels ist die Romantik zu Hause: holpriges Kopfsteinpflaster, verwinkelte Gassen, reichverzierte Fachwerkhäuser und darüber ein Schloß wie aus dem Dornröschenmärchen mit pitoresken Zinnen, Türmchen, Erkern und Giebeln. Dieser verträumt wirkende Stammsitz der Solmser Fürsten, ursprünglich eine wehrhafte Anlage aus dem 13. Jh., verdankt sein heutiges Erscheinungsbild dem neugotischen Umbau ab 1847. Höhepunkt jeder Führung ist der Blick vom Kanonenplatz auf den dicht gedrängten Altstadtkern.

Dort unten, am **Marktplatz**, beginnt der Wandertag. Gleich die erste Etappe durch den **Kurpark** mit seinen exotischen Bäumen weckt hohe Erwartungen.

Blick von der Ruine Philippstein auf Schloß Braunfels.

An der Kapelle stellt rechts die lauschige Kastanienallee Verbindung zur Hauptwanderroute X her. Mit X geht es via Tiergartenstraße am **Wildpark** vorbei zum Waldrand und weiter bis zur Anhöhe. Eine nette Überraschung im Abstieg Richtung Philippstein bietet rechts unterhalb des Hauptweges der kleine **Märchensee** (ehem. Erzgrube). Wenig später verweist links ein Schild auf die **Ruine Philippstein**, die wie ein Adlerhorst hoch über dem gleichnamigen Dorf klebt. Graf Philipp von Nassau ließ 1390 diese typische Hangburg zum Schutz der Erzgruben gegen Solms-Braunfels anlegen. Die erste Bewährungsprobe kam 1406, als Philipp mit Unterstützung des Trierer Erzbischofs die Solmser vernichtend schlug. Bis 1618 blieb die Burg Verwaltungssitz, dann verfiel sie allmählich (Schlüssel zum Bergfried beim Burgverein).
Ein Zickzackpfad führt hinab ins ehemalige Bergbaudorf. Unten bleibt X zunächst neben der Möttau, kreuzt dann den Talgrund und erreicht aufsteigend **Bermbach**. Beim Friedhof zweigt rechts ein Feldweg ab, der am Waldrand auf *Dreieck* trifft. Weite Ausschau gewährt das nächste Teilstück rechts über die freie Hochfläche. Kurz vor Hirschhausen stößt die Route geradeaus auf *L*, das sich rechts haltend wieder Braunfels nähert. Ein kurzer Anstieg bringt empor zum **Schloß**. Durch die vier Burgtore gelangt man wieder zum **Marktplatz** zurück.

4 Zum Möttauer Weiher

Für Liebhaber stiller Wege

Möttauer Weiher – Altenkirchen – Hessenstraße – Möttauer Weiher

Ausgangspunkt: Möttau bzw. Parkplatz Möttauer Weiher neben der B 456.
Gehzeit: 3 Std.
Weglänge: 14 km.
Höhenunterschied: 200 m.

Markierung: Wisent, Pfeil, Birkenblatt.
Anforderungen: Orientierungsvermögen und Erfahrung im Kartenlesen.
Einkehrmöglichkeit: Altenkirchen.
Karte: TS Ost.

Eine besondere Naturschönheit der an Seen armen Taunusregion bildet der 4500 m^2 große Möttauer Weiher. Verträumt liegt er im Talgrund der Möttau, vor der Kulisse sanftgeformter Waldberge. Am Südzipfel hat sich eine kleine Freizeitanlage mit Rastbänken, Grillstellen, Spielwiese und Schutzhütte etabliert. Seine Ufer, die von einem gut gestalteten Gewässerlehrpfad durchzogen werden, bieten eine wohltuende Stille. Angler finden hier einen reichen Fischbesatz vor, z.B. Zander, Forelle, Karpfen oder Wels. Der Weiher empfiehlt sich auch als Ausgangspunkt einer beschaulichen Rundwanderung, geprägt von verschwiegenen Waldwegen und ruhigen Landschaftsbildern.

Der Möttauer Weiher, eine Oase der Ruhe.

Den Anfang macht ab **Parkplatz Möttauer Weiher** das schattige Westufer. An dessen Ende geleitet *Wisent* im lieblichen Möttaugrund weiter bis zum Zementwerk, wo rechts empor ein unschönes Stück neben der Kreisstraße bewältigt werden muß. Bald zweigt links zwischen Streuobstwiesen ein befestigter Feldweg ab. Oben auf der Kuppe kreuzt die Markierung *Pfeil*. Frei schweift der Blick über das weichmodulierte, kleingekammerte Solmser Land, beherrscht vom auffälligen Stoppelberg.
Altenkirchen, das nächste Etappenziel, duckt sich tief in eine Talmulde. Interesssant an dieser erstmals 912 urkundlich erwähnten Ortschaft ist die Kirche, ein klassizistischer Saalbau mit Ecklisen, Rundbogenblenden und einem eingestellten Spitzhelmturm. Herzog Adolf von Nassau ließ das Gotteshaus 1837 errichten. Als einzige Kirche im ehemals »Nassauischen Ländche« besitzt sie eine Allee, aus prächtigen, 100jährigen Kastanien. Beim **Freibad** verläßt *Pfeil* das Dorf, gewinnt in bunter Feldflur rasch an Höhe, taucht im schattenspendenden Mischwald unter und quert mit der L 3054 die alte Fernhandelsroute **Hessenstraße**. Dahinter wird der Pfad schmaler, das Unterholz dichter. Beim zweiten Abzweig führt rechts die mit *Skifahrer* bzw. *Birkenblatt* markierte Route pfeilgerade hinab, bis schließlich das wiesengrüne Möttautal den Wald ablöst. Die Wanderung klingt aus in einem gemütlichen Bummel neben dem Bachlauf zurück zum **Ausgangsparkplatz**.

5 Kubacher Kristallhöhle

Vom Weilburger Residenzschloß zur Ruine Freienfels

Weilburg – Kubach – Kristallhöhle – Freienfels – Weilburg

Ausgangspunkt: Residenzschloß Weilburg.
Gehzeit: 3½ Std.
Weglänge: 16 km.
Höhenunterschied: 250 m.
Markierung: L, Dreieck.
Anforderungen: Leichte Wanderung, teilweise Asphaltstrecken, wenig Schatten.

Einkehrmöglichkeit: Kristallhöhle, Freienfels.
Karte: Lahn-Dill Süd.
Hinweis: Führungen in der Kristallhöhle finden vom 1. April bis 31. Okt zwischen 14.00 und 16.00 Uhr statt, am Wochenende 10.00–17.00 Uhr. Wartezeiten lassen sich im oberirdischen Felsgarten überbrücken.

Dort, wo die Weil in die Lahn mündet, liegt – fast kreisrund vom Flußtal eingeschnürt – das barocke Residenzstädtchen Weilburg. Darüber thront terrassenartig das nassauische Schloß, 1535 im Renaissancestil begonnen und zu Beginn des 18. Jh. nach dem Vorbild von Versailles umgestaltet. Eine Weilburger Kuriosität ist der 1847 erbaute Schiffstunnel, der unter dem Altstadtkern hindurch die Lahnschleife abkürzt. Als weitere Attraktion der Umgebung gilt die erst 1974 entdeckte Kubacher Kristallhöhle, das Ziel nachstehender Wanderung.

Vom **Residenzschloß** weist *L* via Landtor zur Altstadt hinaus und gewinnt die Anhöhe Windhof mit dem ehemaligen **Jagdschloß**. Im anschließenden Seitentälchen verläßt man *L* noch vor der Hochspannungsleitung rechts in einen Feldweg. Schräg links gegenüber der B 456 setzt sich der Feldweg nach **Kubach** fort. Es folgt ein etwas unerfreuliches Stück neben der Kreisstraße, ehe oberhalb des Dorfes ein Schild die **Kristallhöhle** ankündigt.
Knapp 400 Stufen führen hinab in die faszinierende unterirdische Zauberwelt der mit 30 m höchsten Schauhöhle Deutschlands. 200 m weit ist die durch Kalkauswaschung entstandene Karstkluft bis zum gewaltigen Dom in 53 m Tiefe begehbar. Zahllose Kristalle und Perltropfsteine funkeln im Lampenlicht. Ein enges Treppensystem leitet durch die »Kapelle« wieder ans Tageslicht zurück.
Anschließend bringt ein Feldweg hinab ins idyllische **Weiltal**. Dort liegt steil am jenseitigen Uferhang das Dorf **Freienfels**, beherrscht von der gleichnamigen **Burgruine**. Die nassauische Anlage stammt aus dem 14. Jh. und wirkt mit dem stolzen Bergfried, den wehrhaften Schildmauern und dem efeuumrankten Palas sehr romantisch.
Wieder im Weiltal leitet *Dreieck* links flußabwärts, wechselt später die Seite, steigt im Zickzack zu einem Hangweg empor und erreicht den Stadtrand von **Weilburg**. Der letzte Stück ins Zentrum ist leider Pflastertreterei.

Eine Augenweide ist Weilburgs Schloßpark.

6 Rund um Bad Camberg

Stadtrundgang und Kapellenwanderung

Bad Camberg – Dombach – Kreuzkapelle – Bad Camberg

Ausgangspunkt: Kurhaus Bad Camberg.
Gehzeit: 2½ Std.
Weglänge: 11 km.
Höhenunterschied: 200 m.
Markierung: Gelber Strich, O, schwarzer Punkt.

Anforderungen: Bequeme, kurzweilige Wanderung.
Einkehrmöglichkeit: Bad Camberg, Café Waldschloß.
Karte: TS Mitte.

Im klimatisch geschützten, fruchtbaren Talsystem von Ems- und Wörsbach, dem »Goldenen Grund«, liegt das älteste Kneippbad Hessens. Um 1000 erstmals urkundlich erwähnt, genießt Bad Camberg seit 1927 einen hervorragenden Ruf als Kurort. Wechselnde Obrigkeiten wie die Grafen von Diez, Nassau oder Kurtrier bestimmten die Camberger Geschichte. Ober- und Unterturm sind die Reste der um 1380 angelegte Stadtwehr. Den Erweiterungen des 17. Jh. verdankt der ehemals mittelalterliche Ortskern seinen malerischen Gesamteindruck. Dazu trägt auch der Amtshof bei, ein ausgedehntes Fachwerkensemble mit großem Innenhof.

Wahrzeichen des »Goldenen Grundes« ist die Camberger Kreuzkapelle.

Schräg gegenüber, am **Kurhaus**, beginnt die Wanderung zur Kreuzkapelle, dem weithin sichtbaren Wahrzeichen des »Goldenen Grundes«. Die erste Etappe verläuft im Kurpark, der stadtauswärts in einen netten Landschaftspark übergeht. Später bleibt *gelber Strich* parallel zur Kreisstraße, erst hinter dem Ausflugslokal »**Waldschloß**« taucht er in die Stille des Hochwaldes ein. Nicht lang, dann tritt *gelber Strich* wieder aus dem Buchenforst heraus und nähert sich dem hübsch im Wiesengrund eingebetteten **Dombach**. Am Friedhof quert das Zeichen *O* und führt links durch die lauschige Dombach-Aue Richtung Schwickershausen. Wie in Dombach liegt auch hier der Friedhof außerhalb des Dorfes. Sein Kleinod ist die 1787 errichtete **Wallfahrtskirche St. Georg**.

Schwarzer Punkt hält jetzt links bergan und erreicht auf freier Kuppe die **Kreuzkapelle**, den beherrschenden Blickfang des Camberger Umlandes. 1681 an der Stelle einer früheren Einsiedelei gestiftet, wurde sie 1725 erneuert, als kreuzförmiger Zentralbau ausgeführt und von einer achteckigen Umfriedungsmauer eingefaßt. Geöffnet ist sie nur an Sommersonntagen während der frühen Nachmittagsstunden. Herrlich wirkt das Panorama hier oben – eine Rundsicht vom Feldberg bis zum Westerwald.

Absteigend leitet der Kreuzweg an sieben barocken Bildstöcken entlang zum **Obertor** mit dem sehenswerten Turmmuseum. Am nahen **Kurhaus** schließt sich der Kreis.

7 Von Runkel nach Diez

Burgen und Kirchen über dem Lahntal

Runkel – Eschhofen – Limburg – Diez

Ausgangspunkt: Bahnhof Runkel.
Endpunkt: Bahnhof Diez; regelmäßige Zugverbindung nach Runkel.
Gehzeit: 5 Std.
Weglänge: 20 km; Streckenwanderung.
Höhenunterschied: 200 m.

Markierung: L.
Anforderungen: Einfache, aber wegen der zahlreichen Sehenswürdigkeiten zeitintensive Wanderung.
Einkehrmöglichkeit: Runkel, Limburg, Diez.
Karte: TS Mitte und TS West.

Ähnlich wie der Rhein besitzt auch die Lahn mit ihren Burgen, Schlössern und Sakralbauten eine dichte Kette historischer Sehenswürdigkeiten, die für den Wanderer durch den *Lahnhöhenweg* vortrefflich erschlossen sind. Allen Kunstliebhabern dürfte der Abschnitt zwischen Runkel und Diez mit dem Fachwerkkleinod Limburg als Höhepunkt die Königsetappe bedeuten.
Bereits der Auftakt im romantischen Städtchen Runkel ist grandios. Zwei Burgen stehen sich hier wie verfeindete Brüder gegenüber. Zwischen ihnen überspannt die alte, aus Bruchstein gemauerte Lahnbrücke das enge Flußtal. Taunusseitig beherrscht die mächtige **Burg Runkel** mit ihren Schildmauern, Wehrtürmen und dem gedrungen Bergfried das Bild. Sie stammt aus staufischer Zeit. Fehdereich ist ihre Geschichte. 1256 vertrieb Siegfried von Runkel seinen Vetter Heinrich aus der Burg. Der gründete daraufhin »Runkel

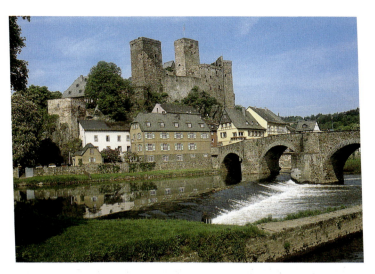

Glanzpunkt der Wanderung ist Burg Runkel über dem Lahnufer.

zum Schaden« am gegenüberliegenden Lahnhang die 1288 erstmals erwähnte Trutzburg Schadeck. 1634 erstürmten kroatische Truppen Burg Runkel und richteten schwere Zerstörungen an. Im 18. Jh. wurde sie jedoch großteils wieder aufgebaut. Zu besichtigen ist sie zwischen Mai und Oktober ab 10.00 Uhr.

Von der **Burg** – vom **Bahnhof** in wenigen Minuten über die Lahnbrücke zu erreichen – quert die Wanderung den engen Ortskern, verläßt die Stadt auf der Landstraße Richtung Limburg und trifft beim Waldrand den *Lahnhöhenweg* (*L*). Im Steilhang des NSG **Runkeler Laach** schlängelt sich *L* als lauschiger Pfad am jüdischen Friedhof vorbei zur 1796 angelegten »Blücherschanze«. Dahinter kürzt *L* im Ennericher Forst die Lahnschleife ab. Wenn der Wald zurückbleibt, rückt ganz unvermittelt die Doppelturmsilhouette der **Dietkirchener Basilika** am jenseitigen Lahnufer ins Blickfeld. Wer Interesse für das frühromanische Bauwerk (11. Jh.) hegt, benutzt geradeaus die Fußgängerbrücke und setzt hernach die Wanderung auf der rechten Flußseite fort. Auf diese Weise nähert man sich der Bischofsresidenz **Limburg** von ihrer Schauseite her. Die alte Bruchsteinbrücke führt direkt in den fachwerkreichen Altstadtkern, der im Halbkreis dem gewaltigen **Dom** vorgelagert ist. Seine sieben Türme scheinen unmittelbar aus dem felsigen Lahnufer emporzuwachsen. Um 1200 wurde mit dem Bau begonnen. Davor dürften die

Steilaufragend: die Sieben-Turm-Silhouette des Limburger Doms.

Das Grafenschloß Dietz bildet den Abschluß der Tour.

Felsen eine merowingische Burg getragen haben, die Keimzelle des späteren Handelsplatzes Limburg.
Vom Dom passiert *L* den Katzenturm und leitet in der Waldendorff Straße zum Stadtgebiet hinaus. Es folgt ein idyllischer Landschaftspark, der später in die weite »Dierstener Au« übergeht. Nach einer Weile verläßt *L* das Lahnufer und erklimmt links haltend den »Diezer Hain«. Das »Barockjuwel« **Schloß Oranienstein**, die einstige Residenz des Fürsten Wilhelm von Oranien, liegt rechts im Kasernenareal und ist nur nach Voranmeldung zu besichtigen.
Gemütlich schlendert es sich hinab in das altehrwürdige, bereits 790 urkundlich erwähnte **Diez**, wegen seiner engen historischen Bindung an die Niederlande auch Oranierstadt genannt.
Wahrzeichen ist das auf steilem Porphyrfelsen errichtete **Grafenschloß** aus dem 11. Jh. Die in den fernen Niederlanden residierenden Grafen überließen stets ihren Gemahlinnen die Verwaltung von Diez. Eine kluge Entscheidung! Während des Dreißigjährigen Krieges bewahrte nämlich Gräfin Sophie-Hedwig durch eine List die Stadt vor der Zerstörung: Als die spanischen Heerscharen anrückten, lud sie den Feind kurzerhand zu einem Festmahl ein und beschwichtigte so die beutegierigen Söldner.
Zum Ausklang des Wandertages geht es durch die verwinkelten Altstadtgassen und die barocke Neustadt Richtung **Bahnhof**.

8 Zwischen Burg Hohlenfels und Burg Schwalbach

Zur schönsten Burg im Taunus

Hahnstätten – Hohlenfels – Zollhaus – Burg Schwalbach – Hahnstätten

Die Burg Schwalbach imponiert durch ihren geschlossenen Aufbau.

Ausgangspunkt: Hahnstätten.
Gehzeit: 4 Std.
Weglänge: 15 km.
Höhenunterschied: 300 m.
Markierung: Rotes Quadrat, schwarzer Strich, Lindenblatt, schwarzer Punkt.
Anforderungen: Orientierungsvermögen.
Einkehrmöglichkeit: Hahnstätten, Burg Schwalbach (Mo u. Di Ruhetag).
Karte: TS Mitte.

Wie hingemalt thront Burg Schwalbach über dem gleichnamigen Ort, mit Schildmauer, Bergfried und Palas das Idealbild einer mittelalterlichen Wehranlage. Sie entstand 1368–71 unter Graf Eberhard von Katzenelnbogen, als »Antwort« auf die Nassauische Burggründung Hohlenfels 1353 westlich des Aaretals. Beide verbindet eine historisch wie landschaftlich interessante Rundwanderung, die in **Hahnstätten** ihren Ausgang nimmt.
Von der **Aarebrücke** weist das *rote Quadrat* in der Hohlenfelsbachstraße aufwärts, passiert den Schießstand und erklimmt im bunten Mischwald den

Welschmichelkopf. Am nächsten Wegekreuz bleibt *schwarzer Strich* rechts oberhalb der Weideflächen, bis *Lindenblatt* links in den schluchtartigen Halsgraben einmündet. Darüber ragt auf steilem Vorsprung die **Ruine Hohlenfels** empor, ein imposanter Anblick. Während der Sanierungsarbeiten droht von oben Steinschlag; dann sind Burg und Schlucht gesperrt.

Rechts haltend, hinter dem Weidegut mit dem freistehenden Torbogen, kreuzt *schwarzer Punkt*, der links in aussichtsreicher Waldrandlage wieder dem Aaretal zustrebt. In **Zollhaus** wechselt *schwarzer Punkt* die Talseite und nimmt »In der Au« zwischen bunten Wiesen Kurs Richtung **Burgschwalbach**. Der Name Schwalbach geht auf den hiesigen Wasserreichtum zurück und findet als Qualbach bereits 719 in einer Urkunde Karls des Großen Erwähnung. Aus der Ortsmitte, nahe der kleinen Wehrkirche (12. Jh.), steigt ein Treppenweg empor zur **Burg**. Sie zählt zu den besterhaltenen mittelalterlichen Wehrbauten des Taunus. Vom dominierenden Bergfried aus kommt der fünfeckige Grundriß der Anlage vortrefflich zur Geltung.

Oberhalb der Burg weist ein Schild in den **Märchenwald**. Von dort geht es ohne Markierung geradeaus zum Feldrain, dann auf den Sendemast zu, weiter an der **Grillhütte** vorbei zum gegenüberliegenden Wäldchen und schließlich rechts auf dem Asphaltweg hinab nach **Hahnstätten**.

9 Naturdenkmal Gabelstein

Panoramaweg über dem Lahntal

Balduinstein – Schaumburg – Gabelstein – Obernhof

Ausgangspunkt: Bahnhof Balduinstein.
Endpunkt: Bahnhof Obernhof. Rückkehr per Bahn (alle 2 Stunden).
Gehzeit: 5 Std.
Weglänge: 20 km; Streckenwanderung.
Höhenunterschied: 400 m.

Markierung: L.
Anforderungen: Kräftige An- und Abstiege.
Einkehrmöglichkeit: Schaumburg, Steinsberg.
Karte: TS West.

Das aufregendste Stückchen Lahntal liegt zwischen Balduinstein und Obernhof. Bis auf 700 m nähern sich die beiden Talflanken, selbst für die Straße wird es zu eng. Nur der Lahnhöhenweg (L) findet im felsigen Ufersteilhang Platz, hübsch angelegt mit z.T. traumhaft schöner Aussicht, die am Gabelstein ihre Krönung erfährt.

Die Streckenwanderung beginnt am **Bahnhof** im Lahndorf **Balduinstein**, ehemals eine befestigte Exklave des Erzbistums Trier. Vorbei am Port-Turm und der Ruine der kurfürstlichen **Trutzburg** (1320) wendet sich L durch Streuobstwiesen und Wald bergan zur weithin sichtbaren **Schaumburg**. Das etwas düster wirkende Schloß im Tudorstil ließ 1850 Erzherzog Stephan von Österreich durch Umbau einer vormals mittelalterlichen Burg errichten. Vom

Lahntalromantik: Blick von der Schaumburg zur Ruine Balduinstein.

42 m hohen Hauptturm kommt der gewaltige Komplex gut zur Geltung. Per Treppenweg gelangt man abwärts zum **Talhof**. Zwischen den Feldern kürzt L anschließend die Cramberger Lahnschleife ab und erreicht hinter der Straße bald das Naturdenkmal **Gabelstein** – ein imposanter, 100 m steil gegen das Lahntal abfallender Felshang aus devonischem Schiefer. Spektakulär wirkt der jähe Tiefblick vom Aussichtstempel.
Durch das Hölloch bringt L anschließend nach **Steinsberg**, dann geht es steil ins Rupbachtal und ebenso steil im Gegenhang wieder bergan. Es folgt eine sanfte Gefällstrecke und ein Anschnitt parallel zur Bahn, ehe links ein alter Ziehweg die Kammhöhe zur **Ruine Brunnenburg** erklimmt. Verwunschen wie ein Dornröschenschloß liegen die efeuumrankten Mauern des um 1200 gegründeten, aber bereits 1543 aufgelösten Nonnenklosters im Wald. Hübsch fällt der Blick ins enge Flußtal.
Nächste Station ist der **Vierseenblick**. Falkenhorst heißt ein weiterer Aussichtspunkt, ehe L in langer Hangquerung talwärts strebt. Wenn die Silhouette des Arnsteiner Klosters (siehe Tour 10) auftaucht, ist es nicht mehr weit bis **Obernhof**, der »Perle des Lahntals«. Sogar Wein gedeiht an seinen sonnendurchglühten Schieferhängen. Rechts vor der Lahnbrücke endet die Wanderung am **Bahnhof**.

10 Durchs wildromantische Mühlbachtal

Im Land der Nassauer Grafen

Nassau – Kloster Arnstein – Jammertal – Mühlbachtal – Nassau

Ausgangspunkt: Kettenbrücke in Nassau.
Gehzeit: 5½ Std.
Weglänge: 23 km.
Höhenunterschied: 220 m.
Markierung: L, X 8, blauer Strich.

Anfoderungen: Ideal für heiße Sommertage.
Einkehrmöglichkeit: Burg Nassau, Singhofen.
Karte: TS West.

Zwei geschichtlich höchst interessante Orte und zwei wildromantische Gebirgstäler bilden die Umrahmung dieser Rundtour. Sie beginnt im malerisch gelegenen Luftkurort Nassau, dort, wo der Mühlbach in die Lahn mündet. Zur Einstimmung lohnt ein kurzer historischer Stadtbummel. Die Wanderung beginnt gegenüber der **Kettenbrücke** mit einem Serpentinenweg an der verwunschenen Ruine Stein vorbei gegen den Burgberg empor, auf dem als stolzes Wahrzeichen des Nassauer Landes die **Burg Nassau** thront. 1120 als Stammsitz der mächtigen Nassauer Grafen erbaut, verfiel sie infolge Erbteilungen schon ab 1630. Ihr Hauptturm wurde nach alten Stichen rekonstruiert und zeigt aus seinen Erkern heraus wundervoll das weite Lahntalpanorama. Ein Fahrsträßchen leitet hinab in den Ortsteil **Bergnassau**. Dort biegt X links in den Wald ab, passiert den Wieseneinschnitt bei Hollerich und erreicht im Lahnsteilhang das **Kloster Arnstein**. Einem Raubritter, dem Grafen Ludwig III., verdankt es seine Gründung. Jener Graf ließ sich 1139 bekehren und

Wasserspiele im Mühlbachtal.

wandelte seine Burg kurzerhand in ein Kloster um. Die im 12. Jh. begonnene Abteikirche, eine dreischiffige Basilika, zählt heute zu den bedeutendsten Baudenkmälern der Region.

Vom Kloster verläuft ein Pfad schräg abwärts ins Jammertal. Tief hat sich der Dörsbach dort zwischen den Felsen eingeschnitten. Seine unberührten Hangwälder und seine weltabgeschiedene Stille lassen die Hektik des Alltags vergessen. Oberhalb der ehemaligen Neubäckersmühle verläßt *L* das Jammertal und gewinnt das Höhendorf **Singhofen**. Vom Ortsausgang senkt sich *L* hinab ins Mühlbachtal, das sich rechtshin bald schluchtartig verengt. Hier wirkt alles noch eindringlicher und stimmungsvoller als im Jammertal. Anfangs begleiten muntere Wasserspiele in Kaskaden und Gumpen den Weg; dann folgt ein luftiges Teilstück unter jähen Felsgraten, ehe hinter dem eisernen Steg ein ruhiger Talverlauf bis **Scheuern** führt. Von dort umrundet der *blaue Strich* den Sockel des Burgberges zurück zur **Kettenbrücke**.

11 Im Blauen Ländchen

Ein Römerkastell und die Wildweiberhöhle

Holzhausen – Römerkastell – Katzenelnbogen – Wildweiberhöhle – Holzhausen

Ausgangspunkt: August-Otto-Museum im Ortsmittelpunkt von Holzhausen, Busverbindung von Wiesbaden und Nassau.
Gehzeit: 6 Std.
Weglänge: 24 km.
Höhenunterschied: 450 m.

Markierung: Limesturm, Ka1, K2, J2, Raute.
Anforderungen: Spärlich markiert, Ausdauer und Orientierungsvermögen erforderlich.
Einkehrmöglichkeit: Katzenelnbogen, Niedertiefenbach, Plätzermühle.
Karte: TS West.

Zwei Bodendenkmäler, das Kastell Holzhausen und die Wildweiberhöhle, bilden den Aufhänger zu dieser Rundtour durchs »Blaue Ländchen«. Dessen Quellbäche boten einst den Blaufärbern ideale Bedingungen zum Waschen ihre Tuche. Wo früher zahlreiche Wassermühlen klapperten, kommen heute Liebhaber einsamer Wanderwege auf ihre Kosten.

Die Tour beginnt in **Holzhausen**, am August-Otto-Museum (Erfinder des Viertaktmotors). Neben der B 260 verläßt der *Limesturm* den Ort südostwärts, nimmt links zwischen Wiesen Kurs auf die bewaldeten Hänge des Grauen Kopfes und folgt dort dem schwach erkennbaren Grenzwall zum **Römerkastell Holzhausen**. Das Kohortenkastell aus dem 2. Jh. n.Chr. ge-

Mächtige Mauern zeigen den Grundriß des Römerkastells Holzhausen.

hört zu den besterhaltenen Lagern am obergermanischen Limes. Mächtige, von vier Toren durchbrochene Grundmauern umschließen das rechteckige Areal, in dessen Zentrum die Rundapsis (Fahnenheiligtum) liegt. An der Kreuzung hinter dem Kastell geht es ohne Markierung links zu einem Forstweg und auf diesem rechts bis zu einem Querstäßchen. Dann leitet *Ka 1* an Feldgehölz und Pferdekoppeln entlang zur B 274, bleibt dort rechts im Wald und nähert sich über eine Anhöhe **Katzenelnbogen**. Im Mittelalter breitete von hier aus das Katzenelnbogener Grafengeschlecht sein Territorium bis zum Main hin aus. Ihre Stammburg mußte im 16. Jh. einem Umbau weichen, dessen Giebelfront heute eindrucksvoll den Ort beherrscht.

Der Waldlehrpfad »Hüttenwald« verläßt das Städtchen westwärts zum Rastplatz **Dicke Buche**. Nächste Station ist mit *K 2* die **Weißlerhöhe**. Jetzt führt *J 2* im Bogen abwärts zur **Wildweiberhöhle**. Ihre fantastisch anmutenen Verwerfungen im Sedimentgestein haben Anlaß zur Sage vom »Wilden Weib« gegeben. In weiterer Gefällstrecke erreicht *J 2* **Niedertiefenbach**. Dem malerischen Wiesengrund des Hasenbachs folgt jetzt die *Raute* taleinwärts, die bei der **Plätzermühle** rechts abschwenkt und bergan wieder **Holzhausen** ansteuert.

12 Von Adolfseck zur Ruine Hohenstein

Burgenromantik über dem Aartal

Adolfseck – Burg Hohenstein – Lindschied – Adolfseck

Ausgangspunkt: Adolfseck; Bus von Bad Schwalbach.
Gehzeit: 4 Std.
Weglänge: 16 km.
Höhenunterschied: 300 m.
Markierung: L, Milan, Fuchs, Eichhörnchen, rote Raute, L.
Anforderungen: Moderate Anstiege, gute Wege.
Einkehrmöglichkeit: Adolfseck, Burg Hohenstein (Mo u. Di Ruhetag).
Karte: TS Mitte.

Malerisch schlängelt sich das Aartal durch die Berglandschaft des Hintertaunus, begleitet von steilen Waldhängen, Felspartien und Wiesenflächen. Seine verfallenen Burgen künden vom territorialen Interessenkonflikt zwischen dem Hause Nassau und seinen Anrainern. Im Spätmittelalter wechselten die Besitzungen hier häufig von Ort zu Ort. Nassauisch war z.B. Burg Adolfseck, benannt nach jenem Adolf, der sich 1347 aus seiner Friedberger Geiselhaft freikaufen mußte (siehe Tour 49). Nicht weit entfernt entstand als Gegenstück der Katzenelnbogener Grafen die Residenz Hohenstein, heute eine der eindrucksvollsten Burgruinen des Taunus. Diese Konstellation animiert zu einer geschichtlichen Rundwanderung.

Sie beginnt im Schwalbacher Ortsteil **Adolfseck**. Von der einstigen Burg (13. Jh.) existieren nur der ovale Mauerring sowie die außerhalb stehende spätgotische Kapelle. *L* verläßt Adolfseck nordwärts, um rechts ins idyllische Pohlbachtal einzubiegen. Wenn *L* später rechts abzweigt, hält *Milan* geradeaus, erklimmt auf weichem Nadelpolster die Kammhöhe und nimmt links den Forstweg zum Parkplatz **Kreuzweg**. *Fuchs* und *Eichhörnchen* ziehen weiter über die buchenbestockte Wolfskaut zur nächsten Verzweigung. Hier geht es ohne Zeichen erst geradeaus, dann links im Bogen abwärts ins Aartal (B 54). Vom Wanderparkplatz bringt ein Waldsträßchen empor zur Siedlung und **Burg Hohenstein**. Wie ein Schiffsbug überragt der 1190 auf einem Felssporn angelegte Wehrbau das Aartal, ein Aussichtspunkt par excellence. Im Dreißigjährigen Krieg wurde sie zerstört, aber selbst als Ruine hinterläßt sie mit ihren hohen Schildmauern und dem massigen Bergfried einen gewaltigen Eindruck.

Schiffsbugartig überragt Burg Hohenstein das Aartal.

Im Rückweg verläuft die *rote Raute* zunächst zwischen Feldern, dann im Hochwald südwärts zum Rastplatz **Silberberg**. Dort kreuzt nahe der 1890 erbauten **Jugendstilvilla Lilly** erneut das *L*, das nun links abwärts die Siedlung **Lindschied** passiert und im anmutigen Seitentälchen nach **Adolfseck** zurückkehrt.

13 Von Lahnstein nach Bad Ems

Zur ehemaligen Sommerresidenz Europas

Niederlahnstein – Burg Lahneck – Friücht – Bad Ems

Ausgangspunkt: Bahnhof Niederlahnstein.
Endpunkt: Bahnhof Bad Ems. Rückkehr per Bahn (stündlich).
Gehzeit: 5 Std.
Weglänge: 18 km, Streckenwanderung.
Höhenunterschied: 400 m.
Markierung: L.

Anforderungen: Die Steilhangwege verlangen Trittsicherheit.
Einkehrmöglichkeit: Burg Lahneck, Frücht, Bad Ems.
Karte: TS West.
Tip: Besuch der Emser Therme (32°C); Kurwaldbahn zum Bismarckturm.

Beiderseits der Lahnmündung breitet sich das geschichtsträchtige Lahnstein aus. Bereits die Römer besaßen hier einen Stützpunkt; auch Karl der Große unterhielt am Lahnufer einen Königshof. Später prägte die Rivalität zwischen Kurmainz und Kurtrier die Geschichte des Doppelortes. Während Niederlahnstein zu Trier gehörte, war Oberlahnstein nördlichster Vorposten des Mainzer Territoriums, abgesichert durch die 1245 erbaute **Burg Lahneck**. Französische Truppen verwüsteten sie 1689, aber um 1860 wurde sie im neugotischen Stil restauriert und bildet seither das stolze Wahrzeichen der Stadt.

Sie ist auch die erste Station am *Lahnhöhenweg*, der am Bahnhof **Niederlahnstein** beginnt, die Hochbrücke unterquert und rechts beim Großpark-

Nahe der Rheinmündung beherrscht Burg Lahneck das idyllische Lahntal.

platz in engen Kehren heraufsteigt. Prächtig zeigt sich vom Bergfried aus das romantische Lahntal. In weiter Feldflur hält L auf den Lahnsteilhang zu, umrundet die **Kurthermen** und taucht ins enge **Hüttental** ein. Der Name verweist auf den einstigen Silberabbau.

Ein moderater Gegenanstieg bringt nach **Frücht**, neben dessen Pfarrkirche die Gruftkapelle der Freiherrn von Stein steht. Durch Wiesen strebt L jetzt dem romantischen Mühlbach- oder Schweizertal zu, einem klammartigen Einschnitt, dessen Wasser einst sechs Mühlen antrieb.

Am Talausgang oberhalb **Miellen** schraubt L sich auf schmalem Felssteig empor zur Waldkapelle, quert die Hangwälder des Lahntals und erreicht im Gewerbegebiet den Bahnhof Ems-West. Statt weiter gegen den Mahlberg geht es hier links über die Lahnbrücke in die nahen Kuranlagen von **Bad Ems**. Der renommierte Kurort (geregelter Kurbetrieb seit 1172) liegt herrlich zwischen den Waldbergen eingebettet und vermittelt mit seinen Prunkbauten noch etwas vom Glanz des 19. Jh. Damals galt das Bad der Künstler, Fürsten und Könige als »Sommerresidenz Europas«. Weltgeschichte schrieb der Ort durch die sogenannte Emser Depesche. Dieses von Bismarck redigierte Telegramm an den in Bad Ems weilenden König Wilhelm I. führte 1870 zum Ausbruch des Deutsch-Französischen Krieges. Mit einem Bummel längs der Lahnpromenade zum **Bahnhof** endet der Wandertag.

Der Rheingau und das romantische Rheintal

Zwischen Wiesbaden und Lorch, dort wo der Rhein seinen Lauf für ein kurzes Stück nach Westen lenkt, erstreckt sich am Südrand des Taunus der Rheingau – mit seinen weiten Weinhängen, Schlössern und Klöstern ein Landstrich wie aus dem Bilderbuch. Durch den terrassenartigen Gebirgsabfall vor kühlen Nordwinden geschützt, besitzt dieser uralte Kulturraum bei geringer Niederschlagsmenge und ergiebiger Sonneneinstrahlung das mildeste Klima Deutschlands – ideale Bedingungen für den Wein. Als Geburtsstunde des hiesigen Weinanbaus gilt die legendäre Rheinfahrt des Römischen Kaisers Propus 276 n.Chr. Damals befahl er seinen Soldaten, längs des Flußtals Rebhänge anzulegen.
Nach dem Abzug der Römer brachte erst Karl der Große die Weinkultur wieder in Gang, die dann besonders in den klöstereigenen Gütern zu neuer Blüte fand. Tor zum Rheingau ist das mondäne Wiesbaden. Westlich davon folgen Eltville, die Sekt- und Rosenstadt, Oestrich-Winkel mit dem historischen Weinverladekran, das schmucke Winzerstädtchen Geisenheim und schließlich Rüdesheim, weltbekannt durch seine Drosselgasse.
Weiter flußabwärts, bis zur Lahnmündung, ändert sich das Bild des Rheintals. Nach Norden durchbricht der Strom das rheinische Schiefergebirge und moduliert dabei die bekannteste Flußlandschaft Deutschlands, seit 2002 auch Weltkulturerbe der UNESCO. Kulissenartig vorspringende Waldberge verdrängen zunehmend den Wein, dessen Anbaufläche am Mittelrhein seit dem Mittelalter um die Hälfte geschrumpft ist. Auch für Ansiedlungen bleibt kaum Platz, nur an den Einmündungen der engen Seitentäler finden sich größere Ortschaften wie die Blücherstadt Kaub, die Loreleystadt St. Goarshausen oder die Wein- und Rosenstadt Braubach.
Darüber thronen malerische Burgen im Berghang, aufgereiht wie an einer Perlenschnur. Um 840 begann im Rheintal die Epoche des Burgenbaus. Sie erreichte ihren Höhepunkt während der territorialen Konflikte zwischen Kurmainz bzw. Kurtrier und den Grafen von Katzenelnbogen im 13. Jh. Mit der Entwicklung der Feuerwaffen begann ab dem 16. Jh. der allmähliche Niedergang der Burgen. Sie fielen in zwei großen Zerstörungswellen 1689 und 1789 französischen Truppen zum Opfer. Sie blieben als Ruine erhalten und fanden später eine geradezu schwärmerische Zuneigung durch die Künstler der Romantik.
Den Dichtern folgten bald die ersten Touristen an den Mittelrhein. Sie suchten und suchen noch immer die »gute alte Zeit« vergangener Jahrhunderte in den Burgmauern und in den verwinkelten Gassen der mittelrheinischen Kleinstädte. Ihr Hauptinteresse gilt aber jenem sagenumwobenen Felsen über der engsten Flußstelle, der als Loreley einst von den Dichtern besungen und von den Schiffern gefürchtet wurde.
Ein anderers berüchtigtes Hindernis für die Rheinschiffahrt bildete das Bin-

Der Spätburgunder ist eine Besonderheit unter den Rheingauer Reben.

ger Loch mit seinen tückischen Stromschnellen. Noch im Spätmittelalter mußte der gesamte Warenverkehr flußabwärts bei Lorch umgeschlagen und auf dem sogenannten Kaufmannsweg über die Taunushöhen bis Rüdesheim transportiert werden. Heute ist diese historische Handelsroute Teil des *Rheinhöhenweges* (R), der zwischen Wiesbaden und Lahnstein den Strom auf den Taunusrandbergen begleitet. Eine Etage tiefer verläuft der *Rieslingpfad* durch die freundliche Rheingauer Rebenlandschaft. Man startet dabei am Main im historischen Weinort Hochheim und wandert bzw. trinkt sich durch bis Kaub. Dort übernimmt rheinabwärts der *Rhein-Wein-Wanderpfad* (RP), der den Wanderer an der Loreley vorbei bis Kamp bringt. In wilder, einsamer Bergnatur zieht dagegen der *Wisperweg* (W) seine Bahn. Er folgt mit kräftigen Auf- und Abstiegen dem schluchtartigen Verlauf der Wisper, dem eindrucksvollsten Hochtal des Taunus.

Ab 2006 durchgängig markiert ist der *Rheinsteig*. Dessen Route soll auch erfahrene Wanderer anspruchsvoll fordern und gleichzeitig an den schönsten und interessantesten Sehenswürdigkeiten entlang führen. Die Strecke startet am Neroberg in Wiesbaden, führt vorbei an der Benediktiner-Abtei St. Hildegard bei Rüdesheim, dem Mäuseturm, der Loreley und zahlreichen Burgen des Oberen Mittelrheintals bis hin zur Festung Ehrenbreitstein in Koblenz.

14 Im Banne der Marksburg

Zur schönsten Höhenburg am Rhein

Osterspai – Dinkholder Tal – Marksburg – Braubach

Als stolze Höhenburg überragt die Marksburg den Mittelrhein.

Ausgangspunkt: Bahnhof Osterspai.
Endpunkt: Bahnhof Braubach, Rückkehr per Bahn stündlich.
Gehzeit: 3 Std.
Weglänge: 13 km, Streckenwanderung.

Markierung: RV, R.
Höhenunterschied: 300 m.
Anforderungen: Trittsicherheit (Steilabstiege).
Einkehrmöglichkeit: Marksburg.
Karte: TS West.

Unweit der Lahnmündung thront am rechten Rheinufer über dem malerisch verwinkelten Wein- und Rosenstädtchen Braubach die stolze Marksburg, die einzige vollständig erhaltene Ritterburg Deutschlands. Während andere Burgen nur als Ruine oder romantisch verbrämt die Zeit überdauert haben, zeigt die Marksburg trotz mancher Umbauten noch ihren typisch mittelalterlichen Charakter. Ihr jetziger Name leitet sich übrigens vom Heiligen Markus ab. Als Burg Braubach entstand sie im 12. Jh., nicht eng an den Hang gebaut wie die meisten rheinischen Wehranlagen, sondern weithin sichtbar auf einer Bergkuppe. Erste Besitzer waren die Herren von Eppstein. Durch Heirat ging sie 1283 an die Grafen von Katzenelnbogen. Spätere Erweiterungsbauten unter den Hessischen Landgrafen haben sich wie Jahresringe um die Kernburg gelegt, in deren Mitte noch immer der markante Bergfried dominiert. Unter dem Hause Nassau verkam sie zum Gefängnis, erst die preußischen Könige sorgten nach 1866 für den Erhalt der Anlage. Heute ist sie ein Touristenmagnet und ein begehrtes Tagesziel für Wanderer, z.B. auf dem *Rheinhöhenweg*, mit Start im Obstbauort Osterspai.

Vom **Bahnhof** ermöglicht *RV* via **Herrenköpfl** Anschluß an den *Rheinhöhenweg* (*R*). Hecken, Streuobstwiesen und Hochwald leiten zur Felsgruppe **Kipplei**, einem hübschen Aussichtspunkt über dem Rheintal (Abzweig rechts vor den Felsen beachten). Weiter geht es auf Wurzelpfaden durch die urwaldähnliche Grindlingschlucht und anschließend tief hinab in das großartige **Dinkholder Tal**. Zahlreiche Kehren warten am Gegenhang, ehe *R* in stimmungsvollen Eichenwäldchen den **Aussichtspavillon** vis-à-vis der Marksburg erreicht. Fast abenteuerlich wirkt der Steilabstieg an schmalen, felsigen Bergrücken ins Mühlbachtal. Hier verläßt man *R* und benutzt den Fußweg empor zur **Marksburg**. Höhepunkt der knapp einstündigen Besichtigung ist die Große Batterie, mit der die Burgherren im 16. Jh. der Entwicklung der Feuerwaffen Rechnung trugen. Zum Ausklang der Tour bringt ein Treppenweg hinunter nach **Braubach**.

15 Die »Feindlichen Brüder«

Burgenromantik am Mittelrhein

Kamp – Bornhofen – Burg Liebenstein – Burg Maus – St. Goarshausen

Ausgangspunkt: Bahnhof Kamp.
Endpunkt: St. Goarshausen; Rückfahrt per Schiff (alle 2 Std.) oder per Bahn (stündlich).
Gehzeit: 4 bis 4½ Std.
Weglänge: 20 km, Streckenwanderung.
Höhenunterschied: 400 m.
Markierung: RV, RP.
Anforderungen: Aussichtsreiche Höhenwanderung.
Einkehrmöglichkeit: Burg Liebenstein, Burg Maus.
Karte: TS West.
Hinweis: Flugvorführungen in der Greifvogelwarte 11.30, 14.30 und 16.30 Uhr. Der Weg durch Burg Sterrenberg ist nur von 8.30–20.00 Uhr geöffnet.

Kein zweites Burgengespann am Rhein regt so die Phantasie der Besucher an wie die »Feindlichen Brüder« über dem 900jährigen Wallfahrtsort Bornhofen. Kaum 500 Schritt stehen sie voneinander entfernt, getrennt durch eine hohe Mauer. Eine der vielen Legenden berichtet von zwei Söhnen eines reichen Ritters, die sich durch die Liebe zur selben Frau so arg zerstritten, daß fortan jeder in seiner eigenen Burg leben wollte. Je länger der Streit währte, desto höher wuchs die Mauer zwischen ihnen.
Dieses seltsame Burgenpaar bildet den ersten Höhepunkt am *Rhein-Wein-Pfad*, der nach kurzem Zubringer vom **Bahnhof Kamp** (*RV*) beim **Kloster Bornhofen** seinen Anfang nimmt. Vor der 1435 erbauten Wallfahrtskirche hält *RP* links und schlängelt sich auf lauschigem Felspfad am engen Berg-

Durch eine Mauer getrennt: Burg Sterrenberg ...

... und Burg Liebenstein, die »Feindlichen Brüder« über dem Rheintal.

sporn empor zur **Burg Sterrenberg**. Sie ist die ältere der beiden Burgen, errichtet um 1110, damals eine der großartigsten Leistungen mittelalterlicher Kriegsbaukunst. Über viele Jahrhunderte war sie ein wichtiger Stützpunkt der Erzbistums Trier, bis sie Mitte des 16. Jh. allmählich verfiel. Ihre Mauern dienten den Bornhöfern als Steinbruch, ihre Innenhöfe sogar als Kartoffelakker. Erst unter den Preußen begannen 1866 Erhaltungsmaßnahmen. Erkennungszeichen ist der quadratische, weißgekalkte Bergfried. Leider kann die Anlage nicht besichtigt werden. Anders die Situation eine paar Serpentinen weiter oberhalb, an der 1290 auf kaiserlichen Wunsch erbauten **Burg Liebenstein**. Obwohl mehrfach ausgeplündert und niedergebrannt – zuletzt 1787 – macht die inzwischen sanierte Ruine mit rustikaler Burgschenke und ersteigbarem Turm einen einladenden Eindruck. Ab Liebenstein bleibt *RP* für eine Weile dicht am felsdurchsetzten Grat, ehe sich die Landschaft unvermittelt zur sanft gewellten Hochfläche weitet.

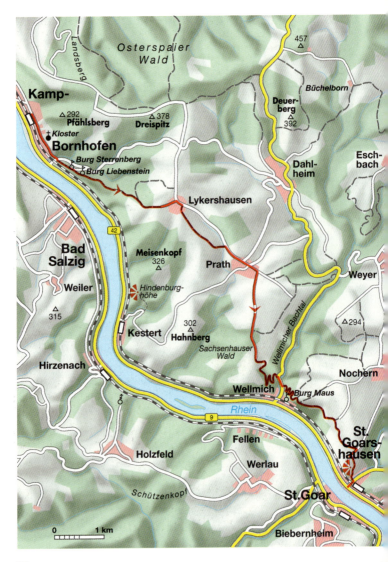

In einer Mulde duckt sich **Lykershausen**. Von dort bummelt *RP* zwischen Feldern und Blumenwiesen nach **Prath**. Ausgangs des Dorfes durchmißt *RP* südwärts die freie Feldflur zum Sachsenhauser Wald und taucht hinab in den jähen Talgrund des Wellmicher Bachs. Ebenso steil geht es im Gegenhang wieder aufwärts, zum nächsten Etappenziel, der trutzigen **Burg Maus**.
Noch unter dem Namen »Deuernburg« entstand der mächtige Wehrbau 1360. Mit ihr suchte der Trierer Erzbischof sein neu erworbenes Terrain am Mittelrhein gegen die streitbaren Katzenelnbogener Grafen abzusichern. Jene saßen nicht weit entfernt auf ihrer Burg Katz (Tour 16) und hießen den kurtrierer Stützpunkt nur spöttisch Maus, weil sie ihn bald zu »fressen« hofften. Dazu kam es freilich nie. Die »Maus« überlebte und befindet sich heute in Privatbesitz. Nur die Greifvogelwarte ist zugänglich.
Vom Burgtor windet sich *RP* Kehre um Kehre im Eichenwäldchen aufwärts, bis der scharfe Geländerücken zu einer Hochfläche verflacht. Eine botanisch reiche Busch- und Heckenlandschaft leitet weiter zu den terrassenartig gestuften Weinbergen. Zuletzt passiert *RP* den hübschen Aussichtspunkt über dem Hasenbachtal und senkt sich auf abschüssiger Fußspur längs alter Trockenmauern hinab nach **St. Goarshausen**. Die vielbesuchte Loreleystadt (Stadtrechte seit 1354) wartet mit zahlreichen Sehenswürdigkeiten auf (Pfarrkirche aus dem 14. Jh., Rathaus von 1532, alter Stadtturm, Loreleystatue auf der Hafenmole). Mit einer Rückfahrt per Schiff findet der Wandertag einen angemessenen Ausklang.

Urige Weinlokale locken in St. Goarshausen.

16 Zur Loreley

»Ich weiß nicht, was soll es bedeuten ...«

Kaub – Dörscheid – Loreley – St. Goarshausen

Ausgangspunkt: Blücher-Denkmal in Kaub.
Endpunkt: St. Goarshausen, Rückfahrt per Schiff (alle 2 Std.) oder Bahn (stündlich).
Gehzeit: 5 bis 6 Std.
Weglänge: 22 km, Streckenwanderung.
Höhenunterschied: 350 m.

Markierung: RP, RV.
Anforderungen: Ausdauer, z.T. steile An- und Abstiege.
Einkehrmöglichkeit: Bei Dörscheid und im Loreleyhotel.
Karte: TS West.

Glanzpunkt des romantischen Rheintals ist die Loreley, jener sagenumwobene Schieferfelsen, der kulissenartig gegen den Strom vorspringt und eine geradezu magische Anziehungskraft auf Besucher aus aller Welt ausübt (Bild S. 2). Früher war der graue Fels wegen seiner vorgelagerten Untiefen bei den Rheinschiffern sehr gefürchtet. Eine uralte Legende berichtet von der Sirene Loreley, die mit ihrem Gesang die Schiffer in den nassen Tod lockte, bis sie selbst in den Rheinfluten ihr Ende fand. Weltruhm erlangte die Loreley durch Verse Heinrich Heines. In der Vertonung Friedrich Silchers klingen sie heute den Rheintouristen aus allen Schiffslautsprechern entgegen. Nicht nur Aus-

Auf dem Rhein-Wein-Pfad: Bei Kaub »schwimmt« die Pfalz im Strom.

Der schönste Zugang zur Loreley erfolgt auf dem Weinlehrpfad.

flugsdampfer haben den tückischen Fels – den »lure Lei« – zum Ziel, auch verschiedene Wanderwege. Der schönste unter ihnen ist der *Rhein-Wein-Pfad (RP)*.

Er beginnt im traditionsreichen Weinort **Kaub**. Gleich zwei Burgen rahmen das malerische Stadtbild ein, die im Rhein schwimmende Zollstation Pfalzgrafenstein (1326) und die Höhenburg Gutenfels (Tour 17). Ausgangspunkt ist im Ortskern das **Denkmal Marschall Blüchers**, der hier 1813 gegen Napoleon den Rheinübergang erzwang. Ein Stück begehbarer Wehrmauer bringt zum Marktplatz. Via Blüchertalstraße verläßt *RP* den Ort und gewinnt rechts auf 140 Stufen die rheinseitigen Rebhänge. Hervorragende Rückblicke gewährt die Kauber Weinbergsumlegung, ehe sich *RP* als gesicherter Steig in bunter Strauchvegetation dem Winzerdorf **Dörscheid** nähert. Am Ortsausgang strebt *RP* über die Heidehochfläche zur Schanze und weiter zum Aussichtspavillon am **Roßstein**. Steil geht es jetzt hinab, im Zickzack zwischen Felsen und Gestrüpp, fast wie in den Alpen, bis *RP* beim Rastplatz rechts in den Wald einmündet. Auf holprigen Hangwegen passiert *RP* die »Alte Burg«, den Standort der 1359 begonnenen, aber nie fertiggestellten Burg Rineck, und taucht in das tiefe **Urbachtal** ein.

Der Gegenanstieg gilt dem Bornicher Hohenley, einem aufgelassenen Weinberg, dessen kilometerlange Trockenmauern zeigen, wie früher selbst ungünstigem Gelände der Rebanbau abgetrotzt wurde. Erneut auf der Hochfläche, schwenkt *RP* links zwischen buschig bewachsenen Weidezonen zurück Richtung Rheintal. Dessen Steilrand markiert der Aussichtstempel **Waldschule**. Im anschließenden Leningwald öffnet sich ein erstes Fenster zur Loreley. Weitere Stationen am Höhenweg sind der kühle Bornichbachgrund und, links vom Hof Leiselfeld, die Felskanzel **Spitznack**. Sie zeigt die schönste Gesamtansicht der Loreley. Atemberaubend ist der jähe Tiefblick ins Rheintal; an keiner Stelle kommt das schluchtartig verengte Flußbett so gut zur Geltung. Hinter »Abrahams Brünnlein« beginnt ein kurzer, aber instruktiver **Weinlehrpfad**. Später, beim Hotel, verläßt man *RP* zur fahnengeschmückten Felsenterrasse der **Loreley**, 130 m hoch über dem Strom. Frei liegt das Rheintal dem Betrachter zu Füßen, mit all seinen Windungen, seinen Burgen und Ansiedlungen. Selbst bei größtem Andrang verliert dieses grandiose Landschaftsbild nichts von seiner Faszination.

An der Freilichtbühne taucht *RP* wieder auf, der nun der Höhensiedlung Heide zustrebt. Dort übernimmt die Markierung *RV*. Sie schlängelt sich ausgangs der Siedlung auf lauschigem Wurzelpfad abwärts zur **Burg Katz**. Wie ein Balkon hängt die 1393 von den Katzenelnbogener Grafen erbaute Höhenburg über dem Rheintal, seinerzeit eine ideale Zollstelle. 1806 ließ Napoleon sie sprengen, doch konnte die Anlage 1896 wiedererrichtet werden. Heute ist sie in Privatbesitz und für Besucher leider nicht zugänglich. Der erlebnisreiche Wandertag kling schließlich im Serpentinen- und Treppenweg hinab nach **St. Goarshausen** aus (siehe Tour 15).

Burg Rheinfels beherrscht die Uferpromenade in St. Goarshausen.

17 Von Lorch nach Kaub

Waldschluchten und Weinberge

Lorch – Sauerthal – Kaub – Lorchhausen – Lorch

Wo die Wisper in den Rhein mündet, liegt das Weinstädtchen Lorch.

Ausgangspunkt: Strunkturm in Lorch.
Gehzeit: 6 Std., bei Rückfahrt mit dem Zug von Kaub 3½ Std.
Weglänge: 24 km, bei Rückfahrt von Kaub 14 km.
Höhenunterschied: 600 m.

Markierung: W, R, RV, Kelch.
Anforderungen: Lange und anstrengende, aber abwechslungsreiche Wanderung, Ausdauer erforderlich.
Einkehrmöglichkeit: Sauerthal, Kaub.
Karte: TS West.

Lorch, das 1028 erstmals beurkundete Weinstädtchen an der Wispermündung, war im Mittelalter der westliche Eckpfeiler des Kurmainzischen Rheingaus. Damals mußte die Fracht der Rheinschiffe wegen des gefürchteten Binger Lochs in Lorch umgeschlagen und auf dem sogenannten Kaufmannsweg nach Rüdesheim weiter transportiert werden. Dem damit verbundenen Zollprivileg verdankte Lorch seine wirtschaftliche Blüte. Reich ausgeschmückte Adelssitze wie das prächtige Hilchenhaus sind ein Zeugnis aus dieser Zeit. Heute kommt die günstige geographische Lage auch dem Wanderer zugute. Rheinseitig locken die goldenen Rebhänge, während Wisper- und Tiefental das bergige Hinterland erschließen. In Kombination ergibt das eine großzügige Rundtour, anstrengend, aber sehr erlebnisreich.

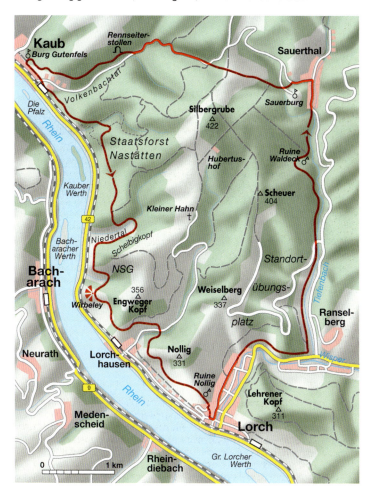

Besonders im Herbst lädt das Wispertal zum Wandern ein.

Den Anfang macht das romantische Wispertal. Vom **Strunkturm** an der Wisperbrücke, einem Teil der alten Stadtbefestigung, weist W taleinwärts, gewinnt in einer Siedlung an Höhe, passiert die Trockenvegetation unterm Weiselsberg und senkt sich wieder hinab zur **Kreuzkapelle**, der letzten der ehemals acht Lorcher Wallfahrtskapellen. Hier biegt W links ins Tiefental ein. Der zunächst breite Wiesengrund verengt sich immer mehr und schneidet sich schließlich schluchtartig ins Gebirge ein. Das wird besonders deutlich, wenn der schöne Wegverlauf die **Ruine Waldeck** erreicht (kurzer, beschwerlicher Aufstieg). Die Schildmauern der ehemals Mainzischen Burg (13. Jh.) ragen wie ein Balkon aus dem Wald und erlauben fesselnde Tiefblicke.

Auch die beiden nächsten Etappenziele sind von hier aus zu erkennen, der nahe Weiler **Sauerthal**, wo R links das Tiefental verläßt, sowie die trutzige, im 14. Jh. von den Sickinger Grafen errichtete **Sauerburg**, deren Zufahrtssträßchen R kreuzt. Die Burg befindet sich in Privatbesitz, so daß nur die Außenmauern mit dem mächtigen, gespaltenen Bergfried zu bewundern sind. Weiter oberhalb überquert R die Wiesenhochfläche beim Sauerhof, taucht erneut im Wald unter und folgt dem Volkenbachtal abwärts bis zur Schiefergrube **Rennseiterstollen**. Rechts leitet ein hübscher Hangpfad zwischen Buschwerk und Schieferhalden zur Weggabelung vor **Burg Gutenfels**. Die Geschichte dieser exponierten Spornburg aus dem 13. Jh. ist sehr bewegt:

Im bayrisch-pfälzischen Erbfolgekrieg widerstand sie allen Belagerungen, diente später den Pfalzgrafen als Bollwerk gegen das Erzbistum Mainz und überdauerte auch verschiedene Besitzerwechsel im Dreißigjährigen Krieg. Heute beherbergt sie ein Hotel. Vom Wanderweg aus ist sie leider nicht zugänglich, dafür entschädigt der reizvolle Blick ins Rheintal, mit der »schwimmenden« Zollburg Pfalzgrafenstein. *RV* bringt jetzt hinab zum **Bahnhof Kaub** (Zugverbindung nach Lorch).

Für den zweiten Teil der Wanderung ist *Kelch* zuständig. Er wendet sich aufwärts zu den Weinhängen, wandelt später auf lauschigen Waldpfaden und passiert nach jäher Gefällstrecke im Niedertal die ehemalige Grenze zwischen Kurmainz und Kurpfalz. Weiter geht es durch aufgelassene Weinberge, mit freier Rheintalsicht, die an der Felsplatte **Wirbeley** ihren Höhepunkt findet.

Dem Einschnitt des Obertals folgt bald die große Talausbuchtung bei **Lorchhausen**. Hinter der Pestkapelle durchquert *Kelch* die Weinbergterrassen Richtung Lorch. Ein kurzer Abstecher gilt der im 14. Jh. als Wehrturm angelegten **Burg Nollig**. Wie ein Wachtposten schaut sie ins Wisper- und Rheintal hinunter. Mit den letzten Kehren abwärts zur Wisperbrücke klingt der Wandertag aus.

Anfangs bietet das Tiefental noch Weidegründen Platz.

18 In den Waldschluchten des Wispertals

Wo der Taunus am wildesten ist

Laukenmühle – Espenschied – Geroldstein – Laukenmühle

Ausgangspunkt: Für Autofahrer Laukenmühle; sonst Espenschied (Busverbindung von Lorch)
Gehzeit: 4½ Std.
Weglänge: 18 km.
Höhenunterschied: 450 m.

Markierung: Käfer, W, roter Strich.
Anforderungen: Anstrengend und anregend zugleich.
Einkehrmöglichkeit: Laukenmühle, Espenschied, Geroldstein.
Karte: TS West.

Gut 30 km durchzieht die Wisper das Rheingaugebirge, von der Quelle nahe Kemel bis zur Rheineinmündung bei Lorch. Es ist das schönste Tal des Taunus, tief eingeschnitten zwischen Quarzit-, Sandstein- und Schieferhängen. Erst im Unterlauf weitet sich das Flußbett und gibt artenreichem Auwald Platz. Vielerorts erinnern Stollen an die Zeit des Schieferbergbaus. Von bewegter Vergangenheit künden die zumeist kümmerlichen Reste der einsti-

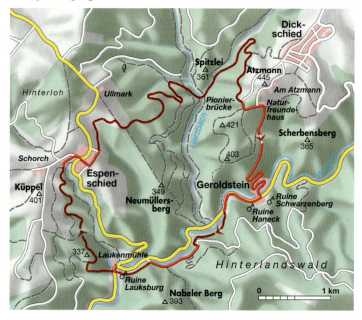

Wasserrad an der Laukenmühle im Wispertal.

gen Mainzischen Burgen, die wie eine Postenkette den unteren Talabschnitt begleiten. Ihnen gilt die nachstehende Wanderung.
Sie beginnt vor der schon 1390 erwähnten **Laukenmühle**, die heute ein Ausflugslokal ist. Das Wasserrad dreht sich nur noch den Besuchern zuliebe. *Käfer* weist den Weg im nördlichen Seitentälchen aufwärts bis zum Luftkurort **Espenschied**. Weit schweift der Blick von diesem typischen Rheingauer Höhendorf über die Waldkämme des Taunus, ein fast grenzenloser Horizont. Sehenswert ist der geschnitzte Hochaltar in der 1753 erbauten St. Nikolaus Kirche. An der Dorfkastanie wechselt die Markierung. *W* verläßt Espenschied ostwärts im farbenprächtigen Buchenforst, um dann allmählich gegen das Herzbachtal abzusteigen. Unten, an der Pionierbrücke, glaubt man sich in den Voralpen, so steil ragen die Waldhänge über dem Talboden empor. Ein neuerlicher Anstieg gilt dem Atzmann. Schöne Eichenbestände begleiten zum **Naturfreundehaus**. Eine lange Gefällstrecke bringt wieder hinunter ins enge Wispertal, wo die vormalige Burgsiedlung **Geroldstein** gleich mit zwei Mainzischen Burgruinen aufwartet: den Resten der Burg Haneck und darüber dem Turmstumpf der Burg Schwarzenberg.
Nach wenigen hundert Metern talauswärts neben der Straße geht es vor der Brücke links in einen Hangweg, der später mit dem *Roten Strich* am Forsthaus Lauksburg vorbei die **Ruine Lauksburg** erreicht. Dessen schwer zugänglicher Wohnturm liegt gut versteckt im Wald direkt gegenüber der **Laukenmühle**.

19 Auf der Rheingauer Alp

Zum Aussichtspunkt Teufelsfelsen

Presberg – Teufelsfelsen – Rheingauer Alp – Presberg

Ausgangspunkt: Presberg-Ortsmitte; Bushaltestelle.
Gehzeit: 3½ Std.
Weglänge: 14 km.
Höhenunterschied: 150 m.
Markierung: Eule, Hirsch.

Anforderungen: Leichte Wanderung, die ideal im Spätherbst und im Winter machbar ist.
Einkehrmöglichkeit: Presberg, Rheingauer Alp.
Karte: TS West.

Der Name »Rheingauer Alp« für das Höhenrestaurant am Buchenbaumkopf könnte treffender nicht sein, denn wie »auf der Alp« fühlt man sich an den Wiesenkuppen rings um Presberg tatsächlich. Grandiose Fernsicht und fesselnde Tiefblicke begleiten diese Feld-, Wald- und Flurwanderung. Sie ist ideal für den Spätherbst oder Winter, weil die Sonne hier oben länger scheint als im Tal. Im Sommer dagegen fehlt der kühle Waldschatten.

Die Rundtour beginnt in der Ortsmitte von **Presberg**. *Eule* heißt die erste Markierung. Sie verläßt das Höhendorf nordwärts und benutzt hinter der

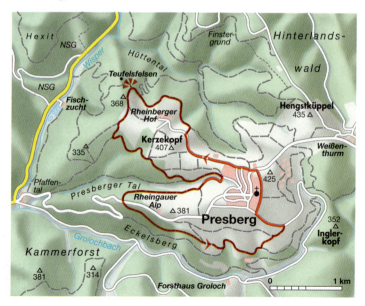

Vom Teufelsfelsen fällt der Blick hinab in die Schluchten des Wispertals.

Kuppe links den ebenen Feldweg, der kurvig jeden Hangeinschnitt nachzeichnet. Ginster, Brombeeren und Hagebutten säumen die Böschung, eine typische Heckenlandschaft, wie sie früher auf Ackerflächen noch stark verbreitet war. Bänke laden zum Schauen und Verweilen, ehe der Weg am Wildschutzzaun einen scharfen Linksknick beschreibt. Der kurze Abstecher geradeaus durch das Tor gilt dem romantischen **Teufelsfelsen,** einem wundervollen Platz zwischen gedrungenen Kiefern und knorrigen Eichen. Von der Felsnase fällt der Blick jäh hinab ins vielgewundene Wispertal. Wald, soweit das Auge reicht, nur die Ruine Rheinberg grüßt herauf.

Zurück beim Tor verläßt *Eule* linkshin den Feldweg, leitet am Ackersaum um den Kerzekopf herum und kehrt auf breitem Wiesenweg Richtung Presberg zurück. Kurz vorm Dorfrand wechselt die Markierung. *Hirsch* quert den malerischen Presberger Taleinschnitt und erreicht ebenen Weges das Restaurant **Rheingauer Alp**. Hinter der Straße mündet *Hirsch* rechts in einen lauschigen Wiesenweg. Der Blick richtet sich jetzt nach Süden, ins tief eingeschnittene Grolochtal.

Später passiert die Wanderroute ein Tierasyl, bevölkert von Hasen, Ziegen und Schafen. Hier kann man mit etwas Glück das seltene Vierhöcker- oder Jakobsschaf bestaunen. An der nächsten Spitzkehre steigt *Hirsch* links empor zur Straße, wo das landschaftliche Idyll endet. Ein Stück weiter oben, im **Dorfkern** nahe der Kirche, schließt sich der Kreis.

20 Im Wisper- und Werkerbachtal

Auf Abwegen zur Ruine Rheinberg

Kammerburg – Ruine Rheinberg – Ransel – Schorch – Kammerburg

Beispiel einer verwunschenen Ruine: das Gemäuer der Burg Rheinberg im Wald.

Ausgangspunkt: Gasthaus Kammerburg oder Ransel (Bus von Lorch).
Gehzeit: 4 Std.
Weglänge: 16 km.
Höhenunterschied: 450 m.

Markierung: XT, W, U, Forelle.
Anforderungen: Anstrengend, anfangs ohne Markierung.
Einkehrmöglichkeit: Kammerburg, Ransel.
Karte: TS West.

Nirgendwo wirkt der Taunus so zerklüftet wie im Bereich der Wisper. Ihre Seiten- und Quellbäche haben aus weichem Schiefer und hartem Quarzit eine atemberaubende Mittelgebirgsszenerie herausmodelliert. Schluchtartige Taleinschnitte wechseln mit sanften Hochflächen, zwischen denen steile Waldhänge das Bild beherrschen. Im Mittelalter bot dieses bewegte Relief mit seinen Felsspornen und gratartig verengten Kammrücken idealen Platz für Wachburgen. Bei einer Umrundung des Werkerbachtals läßt sich das sehr anschaulich nachvollziehen.

Die Tour beginnt vor dem Gasthaus **Kammerburg**. Der Name bezieht sich auf die gegenüberliegende Ruine einer Mainzischen Burg aus dem 13. Jh. (Privatgelände). XT folgt dem Sträßchen im Werkerbachtal aufwärts bis zum freien Platz an der Einmündung des Dolsitbaches. Hier gilt die Aufmerksamkeit links dem zweiten Waldweg, auf dem zwischen Jung- und Hochwald die jähe Steilflanke nur mühsam zu bewältigen ist. Oben erwarten den Wanderer die Reste der **Blideneck Schanze**, angelegt 1279 zwecks Belagerung der **Burg Rheinberg**. Diese um 1165 erbaute Grenzburg der Mainzer Erzbischöfe widerstand damals allen Angriffen, sie fiel erst 1301. Was übrig blieb, ist ein verwunschenes Gemäuer am Ende des felsigen Gratrückkens, erreichbar auf schmaler Fußspur. Umgeben von schönem Eichenhain verkörpert sie mit Halsgraben, Schildmauer und Zwinger das romantische Ideal einer Ruine.

Zurück an der Blideneck Schanze verbreitert sich das Gelände. In Wald und Feld geht es bequem zur Wiesenkuppe bei **Ransel**. Vom Dorfrand durchstreift W rechts schönen Mischwald und steigt tief hinab ins stille Werkerbachtal. Unten wartet ein kurzes Straßenstück, dann biegt W links ins stimmungsvolle Sauerborntal ein. Hinter dem **Werkerbrunnen** folgt ein neuerlicher Steilanstieg zur Wiesenkuppe beim Hof **Schorch**. Dort wechselt die Route rechts auf U, folgt später rechts der Forelle und senkt sich mit wundervoller Fernsicht wieder hinab zum Gasthaus **Kammerburg**.

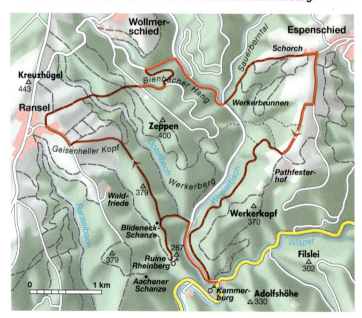

21 Vom Wispersee zur Wisperquelle

Waldeinsamkeit und Kloster Gronau

Wispersee – Wisperquelle – Kloster Gronau – Wispersee

Ausgangspunkt: Parkplatz Wispersee, Zufahrt vom Bad Schwalbacher Ortsteil Wisper.
Gehzeit: 5 Std.; ohne Abstecher zum Kloster Gronau 4 Std.
Weglänge: 20 km, ohne Gronau 14 km.
Höhenunterschied: 350 m bzw. 280 m.

Markierung: U, rotes Kreuz, schwarze Raute, Schmetterling.
Anforderungen: Einsame, schattige Wege, Proviant mitnehmen.
Einkehrmöglichkeit: Gronau.
Karte: TS West.

Die Wisper, deren Unterlauf sich so windungsreich in die Taunusberge eingeschnitten hat, entspringt als unscheinbares Rinnsal nahe der Bäderstraße. Ihr Oberlauf wird geprägt von buchenbestockten Kuppen, lichten Rodungsinseln und flachen Wiesenmulden. Unterhalb des Weilers Wisper ist durch Anstau der verträumte **Wispersee** entstanden. Dieses kleine, weltabgeschiedene Anglerparadies animiert auch zum Wandern.

Die Markierung *U* macht den Anfang. Erste Station ist die eng in den Wiesengrund geduckte Ansiedlung **Wisper**. Oberhalb setzt sich der Weg am linken Bachufer fort. Wenn *U* rechts abzweigt, bleibt man geradeaus, bis das *rote*

Ein Juwel im Wald: der verträumte Wispersee nahe der Wisperquelle.

Kreuz quert. *Rotes Kreuz* hält links auf Mappershain zu und passiert dabei die felsgefaßte **Wisperquelle**. Vom Dorfrand leitet *rotes Kreuz* empor zum Ehrenmal, gelangt auf bequemem Forstweg zur Kreisstraße und umrundet am Waldrand die große Langschieder Talmulde hinüber zur Kohlstraße. Nach kurzem Intermezzo neben der Straße wechselt *rotes Kreuz* rechts in den stillen Buchenforst. Wenn der Wald zurücktritt, mündet von links die *schwarze Raute* ein. Beide bleiben rechts am Feldrain, bis das Gelände gegen den Gronauer Bach abfällt. Unten liegt das ehemalige Benediktinerkloster **Gronau,** gegründet 1130 in der »Grunowe« (Grüne Aue). Über Jahrhunderte war das Hauskloster der Grafen von Katzenelnbogen geistiges wie wirtschaftliches Zentrum der Region. Später wurde es als Hofgut verkauft. Aus dieser Zeit steht noch der gewölbte Torbau (1598). Etwas oberhalb, auf der alten Gerichtstätte **Altenberg**, ließen Gronauer Mönche ein Kirchlein errichten, an dessen Stelle 1747 ein barocker Nachfolgebau trat.

Vom Altenberg geht es zur Weggabel *rotes Kreuz / schwarze Raute* zurück und in gleicher Richtung mit der *schwarzen Raute* über zwei Querstraßen hinweg in langer Gefällstrecke abwärts zur Kreuzung **Meiers Hoffnung**. Dem idyllischen Insbachtal folgt jetzt *Schmetterling* hinab ins Wispertal und nimmt dort links den kurzen Anstieg zurück zum **Wispersee**.

22 Auf dem Rheingauer Rieslingpfad

Panoramaweg über dem Binger Loch

Rüdesheim – Ehrenfels – Assmannshausen – Bodenthal – Lorch

Ausgangspunkt: Bahnhof Rüdesheim.
Endpunkt: Lorch; Rückfahrt per Schiff oder per Bahn (stündlich).
Gehzeit: 4½ Std.
Weglänge: 18 km, Streckenwanderung.
Höhenunterschied: 500 m.
Markierung: Kelch.
Anforderungen: Leichte Wanderung für Weinkenner.
Einkehrmöglichkeit: Rüdesheim, Assmannshausen, Lorch.
Karte: TS West.

Den Rheingau kann man auf mindestens zweierlei Art erleben: nach der Wanderkarte und nach der Weinkarte. Eine glückliche Verbindung zwischen beiden ermöglicht der 120 km lange *Rieslingpfad*, denn wo der Wein wächst, ist die Landschaft am schönsten. Als Königsetappe gilt das aussichtsreiche Teilstück oberhalb des Binger Lochs von Rüdesheim nach Lorch.
Die Markierung *Kelch* führt vom **Rüdesheimer Bahnhof** an der **Brömser Burg** (siehe Tour 23) vorbei und gewinnt in der terrassenartig gestuften Weinlage Schloßberg die **Ruine Ehrenfels**. An strategisch wichtiger Stelle, hoch über dem Binger Loch, entstand hier um 1210 eine Kurmainzische

Sinnbild der Burgenromantik – Ruine Ehrenfels am Binger Loch.

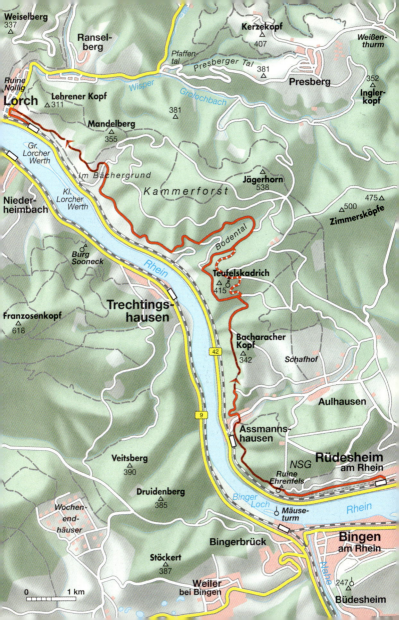

Am Assmannshäuser Höllenberg gedeiht der beste Spätburgunder.

Zollburg, die 1689 französischen Truppen zum Opfer fiel. Inmitten der sanften Rebhänge macht sie mit Schildmauer und Bergfried noch immer einen wehrhaften Eindruck.

Zwei Wegkehren oberhalb passiert *Kelch* den Bingerlochblick, quert die Weinlage Frankenthal und gelangt auf 200 Stufen hinab in den schmucken Winzerort **Assmannshausen**. Reichverzierte, spitzgiebelige Fachwerkhäuser, enge Gassen und Stimmungslokale prägen den bekannten Heimatort des Spätburgunders. Dem berühmten Assmannshäuser Höllenberg gilt der nächste Anstieg. Wenn die Markierung am Ende der Rebhänge in den Wald eintaucht, wird es plötzlich alpin. Jäh fällt das Gelände links gegen das Rheintal ab, während sich *Kelch* auf einem regelrechten Schwindelpfad um die Felsnasen des Bacharacher Kopfes herumschlängelt. Dem kurzen Intermezzo im lichten Eichenhain folgt bald eine zweite Hangquerung, während ein beschilderter Umweg rechts den Aussichtspunkt Teufelskadrich mitnimmt.

Am Eingang zum Bodental treffen beide Routen wieder zusammen. Dahinter durchmißt *Kelch* die Weinlage Pfaffenwies, zeichnet beim Warttürmchen den Einschnitt des Bächergrundes nach und bummelt zwischen den Rebstöcken am Kapellenberg vor schöner Rheintalkulisse abwärts nach **Lorch**.

Historische Weinstube: das Alte Haus in Assmannshausen.

23 Rüdesheim und Umgebung

Vom Niederwalddenkmal zur Abtei St. Hildegard

Rüdesheim – Niederwalddenkmal – St. Hildegard – Rüdesheim

Ausgangspunkt: Bahnhof Rüdesheim.
Gehzeit: 4½ Std.
Weglänge: 18 km.
Höhenunterschied: 330 m.
Markierung: Gelber Strich, R, Kelch.
Anforderungen: Leichte, aussichtsreiche Wanderung, nur bei klarer Sicht empfehlenswert.
Einkehrmöglichkeit: Niederwalddenkmal (Luftseilbahn von Rüdesheim), Jagdschloß, Aulhausen.
Karte: TS West.

Bis in die Römerzeit reichen die Ursprünge des weltberühmten Weinortes Rüdesheim zurück. Während sich heute alljährlich drei Millionen Besucher durch das Rheinstädtchen und seine berühmte Drosselgasse drängen, geht es in der näheren Umgebung ruhiger zu. Hier laden die kleinen und großen Sehenswürdigkeiten zu einer kurzweiligen kulturgeschichtlichen Rundwanderung ein.

Berühmtes Rheintalpanorama: Blick vom Niederwalddenkmal auf Rüdesheim.

Den Anfang macht wenige Meter vom Bahnhof entfernt die trutzige **Brömser Burg** aus dem 11. Jh., die wichtigste der vier ehemals Mainzischen Burgen, da sie als Zollstation gute Einnahmen versprach. Einen Steinwurf darüber ragt der 38 m hohe Bergfried der um 1300 errichteten **Boosenburg** empor. Von dort steigt der *gelbe Strich* in den Weinbergterrassen zum weithin sichtbaren **Niederwalddenkmal** hinauf. 1873–1883 nach den Plänen Joh. Schillings errichtet, erinnert das Monument an die Reichsgründung 1871. Zauberhaft ist das Rheintalpanorama hier oben.
Auch der weitere Spaziergang durch den Naturpark Niederwald geizt nicht mit Aussicht. In bunter Folge animieren »Binger Blick«, »Hunsrückblick«, Eremitage sowie »Naheblick« zum Verweilen. Die schönste Rundsicht bietet der **Rossel**, eine Ende des 18. Jh. künstlich angelegte Ruine des Grafen von Ostein. Seine weiteren Schöpfungen heißen »Rittersaal«, »Zauberhöhle« und **Jagdschloß**. Hier biegt *gelber Strich* in die »Große Allee« ein, aus der links der Abstieg nach **Aulhausen** beginnt. Dort unten folgt mit *R* eine monotone Asphaltetappe. Dafür entschädigt später im lauschigen Blaubachtal das ehemalige **Kloster Nothgottes** (1622–1802).
Mit der Markierung *Kelch* geht es talauswärts an der Siedlung Windeck vorbei zur mächtigen Abtei **St. Hildegard**. Dieses 1900 erbaute Benediktinerinnenkloster ist der Hl. Hildegard von Bingen geweiht und erinnert an deren Klostergündung 1165 im nahen Eibingen. Sehr schön anlegt ist der letzte Wegabschnitt mit *Kelch* zwischen den Weinbergen, ehe der *gelbe Strich* wieder nach **Rüdesheim** hinabführt.

24 Schlösser über den Weinbergen

In der Heimat der Spätlese

Johannisberg – Vollrads – Marienthal – Hansenberg – Johannisberg

Ausgangspunkt: Schloß Johannisberg.
Gehzeit: 4 Std.
Weglänge: 15 km.
Höhenunterschied: 100 m.
Markierung: Kelch, U, Schmetterling.

Anforderungen: Leichte Weinbergwanderung mit viel Hartbelag.
Einkehrmöglichkeit: Johannisberg, Vollrads, Marienthal.
Karte: TS West.

Als »Quell des besten Weines« im rebenreichen Rheingau gilt der Johannisberg. Sein Name geht auf das um 1100 errichtete Benediktinerkloster zurück, dessen ursprünglich romanische Basilika Johannes dem Täufer geweiht war. Nach Auflösung des Klosters kaufte 1716 der Fürstabt von Fulda den Berg, ließ eine große Schloßanlage errichten und brachte die brachliegende Weinkultivierung wieder in Gang. 1775, als die Erlaubnis zur Traubenernte aus Fulda mit Verzögerung eintraf, entdeckten Johannisberger Kellermeister per Zufall die Vorzüge der Spätlese. Auf dem Wiener Kongreß kam der Johannis-

Eingebettet in den Weinbergen: das expressionistische Immaculata-Kloster bei Johannisberg, überragt vom Schloß Hansenberg.

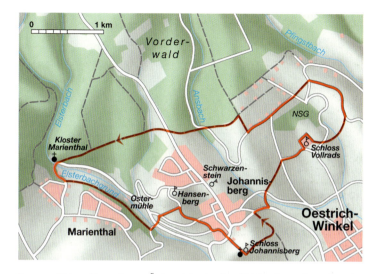

berg an Kaiser Franz I. von Österreich, der ihn 1816 seinem Staatskanzler Fürst von Metternich schenkte. Bis heute ist deshalb der zehnte Teil der Weinerzeugung dem Österreichischen Staat abzuliefern.

In einer Mandelbaumallee verläßt die *Rieslingwanderroute* (*Kelch*) das Anwesen **Schloß Johannisberg** und nähert sich zwischen sonnenverwöhnten Rebhängen **Schloß Vollrads**. Dessen 800jährige Weinbautradition geht auf die Ritter von Greiffenclau zurück. Im Schatten ihrer ehemaligen Wasserburg aus dem 14. Jh. lädt ein Weinprobierstand zur Rast.

Hinter Vollrads kreuzt *U*. Die neue Markierung umrundet links haltend das Vogelschutzgebiet Vollradser Wäldchen, ehe sie oberhalb der Schrebergartenkolonie links abbiegt. Hier hält man weiter geradeaus über einen Bachlauf, quert am Gedenkstein die Landstraße und gelangt im schattigen Hochwald sanft abwärts zur idyllisch gelegenen Pilgerstätte **Marienthal**. Auf dem Platz einer um 1313 errichteten Marienkapelle entstand 1858 die heutige Wallfahrtskirche. Gnadenbild und Tympanon stammen noch aus dem frühen 13. Jh.

Schmetterling folgt jetzt dem lauschigen Elsterbachgrund zur Ostermühle. Auf der anderen Tal- und Straßenseite wendet sich *Kelch* der berühmten Weinlage **Hansenberg** zu. Darüber steht wie gemalt das gleichnamige Schloß, erbaut 1825. Zwischen den Rebhängen schlängelt sich *Kelch* anschließend hinunter in den Winzerort **Johannisberg** und kehrt zum Ausgangsparkplatz am **Schloß** zurück.

25 Vom Kloster Eberbach zur Hallgarter Zange

Auf dem Rheingauer Panoramaberg

Kloster Eberbach – Hallgarter Zange – Kloster Eberbach

Ausgangspunkt: Kloster Eberbach (Bushaltestelle).
Gehzeit: 4 Std.
Weglänge: 16 km.
Höhenunterschied: 350 m.
Markierung: Schwarzer Punkt, roter Strich, R, schwarzes Kreuz, Kelch.
Anforderungen: Leichte Wald- und Weinbergwanderung.
Einkehrmöglichkeit: Kloster Eberbach, Hallgarter Zange.
Karte: TS West und TS Mitte.

Vom bedeutendsten Kloster bis zum schönsten Aussichtsberg des Rheingaus spannt sich der Bogen dieser Wanderung. Den Auftakt bildet das **Kloster Eberbach**, eines der eindrucksvollsten Denkmäler mittelalterlicher Baukunst in Europa. Nicht von ungefähr wurde das 1135 gegründete Zisterzienserkloster mit seinen romanischen und frühgotischen Innenräumen Schauplatz des berühmten Filmes »Der Name der Rose«. Sehenswert sind vor allem das Mönchsdormitorium und die gewaltige Basilika. Daneben zeugen alte Traubenpressen im Laienrefektorium von einer 700jährigen Weinbautradition. Noch heute sind die Klostermauern eine Pilgerstätte für Freunde edler Tropfen.

Vom Klostertor weist die Markierung *schwarzer Punkt* den Weg ins enge Kisselbachtal, passiert die Untere Kisselmühle und trifft sanft ansteigend bei der **Bildeiche** den *roten Strich*. Dieser stellt links den Anschluß an den *Rheinhöhenweg* (R) her, der wiederum links über den leicht gewellten Kammrücken führt. Prächtige Waldbilder sowie der verschwiegene Rastplatz vor der **Peerenboomhütte** machen diese Etappe zu einem besonderen Genuß. Dem Knotenpunkt Kasimirkreuz folgt links der Parkplatz Kreistanne, wo der kurze Aufschwung zur **Hallgarter Zange** ansetzt. Oben läßt der steinerne Aussichtsturm den Blick weit über das Rheintal schweifen, ein würdiger Höhepunkt der Tour.

Vom Gasthaus führt das *schwarze Kreuz* längere Zeit steil abwärts, bis vor dem Jagdhaus Philippsburg links der *Rieslingpfad* (*Kelch*) zum stimmungs-

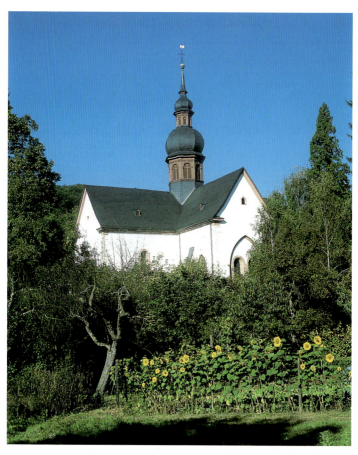

Seit dem 12. Jh. Keimzelle des Weinbaus: Kloster Eberbach.

vollen **Susberg** abzweigt. Dahinter, an der Kreisstraße, geht es dann nicht geradeaus in den so verlockend aussehenden Weinberg, sondern links zur Siedlung »Am Rebhang« bzw. zum **Unkenbaum**. Hier hält *Kelch* rechts und zieht über einen botanisch interessanten Geländerücken zwischen Waldrand und Wiesen zurück zum **Ausgangspunkt**.

26 Zwischen Kiedrich und Rauenthal

Für Kunstfreunde und Weinkenner

Eltville – Kiedrich – Rauenthal – Eltville

Ausgangspunkt: Altstadt in Eltville.
Gehzeit: 3½ Std.
Weglänge: 12 km.
Höhenunterschied: 300 m.
Markierung: Roter Strich, schwarzer Punkt, schwarzes Karo, Kelch.
Anforderungen: Einfache Wanderung.
Einkehrmöglichkeit: Eltville, Kiedrich, Forsthaus Rausch, Rauenthal.
Karte: TS Mitte.

Zwischen sonnigen Hügeln und dem breiten Rheintal, inmitten einer blühenden Kulturlandschaft, liegt Eltville, die älteste Stadt des Rheingaus. Ihr Name »alta villa« bedeutet obere Siedlung und stammt aus römischer Zeit. Wahrzeichen Eltvilles ist die um 1330 errichtete Kurfürstliche Burg, ehemalige Residenz der Mainzer Erzbischöfe. Aus der historischen Altstadt heraus erschließt eine kurzweilige Rundwanderung die berühmten Weinlagen der Umgebung.

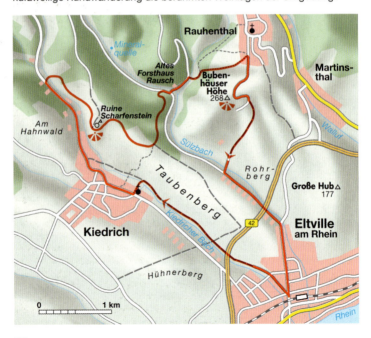

Stimmungsvoller Aussichtspunkt über dem Rheingau: die Bubenhäuser Höhe.

Den Anfang macht die Markierung *roter Strich*. Sie verläßt Eltville unter der Bahnlinie bzw. Autobahn hindurch zu den Rebstöcken am Taubenberg und nähert sich ebenen Weges dem tausendjährigen Weindorf **Kiedrich**. Der seit alters her bekannte Wallfahrtsort wird oft als »Schatzkästchen der Gotik« gepriesen. Den malerischen Dorfkern dominiert die um 1300 erbaute St. Valentinuskirche. Ihr Inventar zeigt neben der berühmten Kiedricher Madonna die älteste bespielbare Orgel Deutschlands. Spätgotisch ist auch die angrenzende Totenkapelle, während das stattliche Rathaus aus der Renaissance stammt (1586).

Am Marktbrunnen (1541) wechselt die Markierung. Der *schwarze Punkt* quert das Dorf südwärts, geht rechts den mächtig aufragenden Burgberg an und führt oben durch den »Weinberg der Ehe« zur nahen **Ruine Scharfenstein**. Die um 1215 errichtete Kurmainzische Burg war seinerzeit ein wichtiger strategischer Kontrollposten am Taunusrand.

Unterhalb des Bergfrieds (Schlüssel im Rathaus Kiedrich) passiert die neue Markierung *schwarzes Karo* die Rebhänge des Gräfenbergs und senkt sich dann im Wald hinab zum alten Forsthaus **Rausch**. Hier kreuzt die *Rieslingroute*. *Kelch* gewinnt in kräftigem Gegenanstieg **Rauenthal**, die älteste Weinbaugemeinde des Rheingaus (Pfarrkirche mit Traubenmadonna). Oberhalb des Orts liegt der stimmungsvolle Aussichtsplatz **Bubenhäuser Höhe**. Von dort schlängelt sich der *Kelch* zwischen den Rauenthaler Rebhängen hinunter ins Sülzbachtal und erreicht – zuletzt etwas unschön – längs der Schwalbacher Straße wieder das **Eltviller Zentrum**.

27 Das »Rheingauer Gebück«

Ein »lebender« Verteidigungsring

Hausen – Mapper Schanze – Roter Kopf – Hausen

Torturm im ehemaligen Rheingauer Gebück: die Mapper Schanze.

Ausgangspunkt: Hausen (für Autofahrer Wanderparkplatz Bittereiche), Busverbindung von Wiesbaden.
Gehzeit: 4½ Std.
Weglänge: 18 km.
Höhenunterschied: 150 m.

Markierung: Blaues X, roter Strich, rotes Dreieck, schwarze Raute.
Anforderungen: Einfache Wanderung für botanisch Interessierte.
Einkehrmöglichkeit: Nur in Hausen.
Karte: TS West und TS Mitte.

Eine kuriose, quasi lebende Verteidigungsanlage schützte ab 1200 Kurmainzisches Gebiet gegen Nassau und Katzenelnbogen, das sogenannte Rheingauer Gebück. Bei dieser einzigartigen Grenzwehr handelte es sich um mehrere Reihen von Hainbuchen, deren Äste – in halber Höhe niedergebückt – zu einem undurchdringlichen Dickicht zusammenwuchsen. Kilometerlang durchzog der 50 Schritt breite Gestrüppgürtel die Rheingauhöhen, einzig unterbrochen von sogenannten Tortürmen. Von diesen befestigten Toren hat sich nur die 1492 errichtete Mapper Schanze erhalten. Ihr gilt diese Wanderung.
Sie nimmt im stillen Luftkurort **Hausen** ihren Ausgang. Oberhalb des Dorfkerns weist *blaues X* rechts in den Wald und folgt einem asphaltierten

Sträßchen. Nach 1 km führt rechts ein kurzer steiler Abzweig zu den Resten der ursprünglichen Gebücklandschaft mit ihren seltsam verkrümmten, gestutzten Buchen (NSG). Wieder auf der Hauptroute geht es am Knotenpunkt **Ruheplatz** vorbei zum Hof Mappen. Wenig später, am Ende eines lauschiger Hohlweges, taucht die Ruine der **Mapper Schanze** auf. Wehrhaft weisen ihre Schießscharten zur »Feindseite«. Der neu angepflanzte Gebückstreifen gibt einen guten Eindruck von der einstigen Befestigungsart.

Von der Schanze bringt *blaues X* zurück zum Ruheplatz. Hier biegt links der *rote Strich* ab. Nach einem beschaulichen Teilstück durch offenes Weidegelände kreuzt das *rote Dreieck* und strebt rechts auf wechselvollen Pfaden dem Gladbachtal zu. Unten, beim Parkplatz **Kellerweg**, beginnt im lichten Hochwald der Gegenanstieg zur Scheitelhöhe **Roter Kopf** (Parkplatz). Weit schweift dort oben der Blick über die sanft geschwungene Taunuslandschaft, über ein grünes Mosaik aus Wald, Wiesen und Feldflur. Von diesem beschaulichen Rastplatz verläuft die *schwarze Raute* rechts neben der Kreisstraße zurück nach **Hausen**, ein etwas unschöner Ausklang einer sonst sehr ansprechenden Rundwanderung.

28 Rund um Schlangenbad

Zur kleinsten Kurstadt Deutschlands

Schlangenbad – Harras-Turm – Hausen – Schlangenbad

Ausgangspunkt: Das Parkhotel in Schlangenbad.
Gehzeit: 4½ Std.
Weglänge: 18 km.
Höhenunterschied: 200 m.
Markierung: R, schwarzer Punkt, grünes Dreieck, schwarze Raute, XT.
Anforderungen: Bequeme, schattige Waldwege.
Einkehrmöglichkeit: Schlangenbad, Hausen.
Karte: TS Mitte.

Im Seitental des »Warmen Baches« liegt der charmante Kurort Schlangenbad eng zwischen den schützenden Waldhängen eingeschmiegt. Sein Wappentier ist die wärmeliebende Äskulapnatter, eine dem Gott der Heilkunst, Äskulap, geweihte Schlangenart, die vermutlich die Römer in den Taunus brachten. Alljährlich Ende Juli feiert die Gemeinde dieses Symboltier des Lebens im »Schlangenfest«. Die eigentliche Bedeutung Schlangenbads gründet sich auf seine Thermalquellen, deren rheumalindernde Wirkung schon ab 1640 genutzt wurde. Im 18. Jh. kam der Ort als Fürstenbad groß in Mode und erhielt das erste Badehaus Hessens. Heute dominiert das pompöse Parkhotel aus der Zeit um die Jahrhundertwende den Ortskern.

Hier beginnt die Wanderung zum Förster-Harras-Turm. Für die richtige Orientierung sorgt anfangs das *R*, das den winzigen Kurpark durchmißt, dann die Hänge des Hansenkopfes umrundet und schließlich im Zickzack die Wegeinmündung nahe **Rheingaublickhütte** gewinnt. Auf die letzten Meter zum verwachsenen Aussichtspunkt kann getrost verzichtet werden. Statt dessen geht es mit *R* weiter zur Wegkreuzung »Grüne Bank« (Schutzhütte), wo links der *schwarze Punkt* abzweigt. Am nächsten Gabelpunkt wählt man rechts das *grüne Dreieck* und gelangt so bequemen Weges zum **Harras-Turm**. Der Aussichtsturm ist nach dem ehemaligen Kiedricher Oberförster Harras benannt und ganz im Stil eines Hochsitzes gehalten.
Südseitig liegen Eltville, Walluf und weite Teile des Rheingaus im Blickfeld. Unweit des Turmes leitet die *schwarze Raute* durch Trockenvegetation, Kiefernwäldchen und Buchenhochwald aufwärts zum Parkplatz Hauser Höhe bzw. zum Ortsrand von **Hausen**. Von dort verläuft im zweiten Abschnitt der Tour rechts der *Taunushöhenweg* (*XT*) zurück Richtung Schlangenbad. Die schön angelegte Wanderroute ist mal breit und bequem, mal schmal und verwurzelt. Parallel zum Warmen Bach erreicht sie schließlich an der stimmungsvollen Nassauer Allee wieder den **Ausgangspunkt**.

Der Harras-Turm läßt weit übers Rheintal blicken.

29 Waldsee und Wisperblick

Rund um Bad Schwalbach

Kurhaus – Waldsee – Schwalbacher Höhe – Kurhaus

Ausgangspunkt: Kurzentrum Bad Schwalbach.
Gehzeit: 3½ Std.
Weglänge: 15 km.
Höhenunterschied: 280 m.
Markierung: Nr. 20, roter bzw. gelber Punkt, Nr. 24, Nr. 13, Vogel, W.
Anforderungen: Bequeme Kurpark- und Waldwege.
Einkehrmöglichkeit: Bad Schwalbach, Café Platte.
Karte: TS Mitte.

Als der gelehrte Medicus Dr. Jacob Theodor 1581 die heilende Wirkung des hiesigen Quellwassers entdeckte, wurde aus dem vormaligen Langenschwalbach das berühmte Bad Schwalbach. Im 18. und 19. Jh. avancierte es zu einem Luxusbad ersten Ranges. Goethe weilte hier, die österreichische Kaiserin Elisabeth und ihr Cousin König Ludwig II. von Bayern; auch der Philosoph Leibniz schätzte die eisenhaltigen Sauerbrunnen. Im Kurviertel mit dem Rothenberger Schlößchen spiegelt sich noch etwas vom Glanz dieser Epoche. Seit damals ist der Ort »städtischer« geworden, hat den Reiz des

Eine blaue Perle im Grünen – der Bad Schwalbacher Waldsee.

Staatsbades im Grünen aber nicht verloren. Nette Spazierwege folgen den stimmungsvollen Bachtälern zu den waldreichen Anhöhen und erlauben eine kurzweilige Rundwanderung.

Vom **Kurhaus** bzw. Stahlbad bringt *Nr. 20* in der Brunnenstraße hinauf zum **Elisabethentempel**. Hier oben weilte Kaiserin »Sissi« gern bei ihrem Kuraufenthalt 1897. Weiter geht es am Waldrand geradeaus über die Straße, dann auf dem *roten Punkt* nach links, bis an der zweiten Gabelung rechts ein Pfad hinab zum idyllischen **Waldsee** führt. Zwei Bächlein speisen dieses blaue Juwel des Kurparks. Im linken Quelltal, dem Nesselbachtal, zieht die neue Markierung *gelber Punkt* im farbkräftigen Mischwald am Hubertus-Brunnen vorbei zur Straße. Ein kurzer Abstecher (*Nr. 24*) gilt dem traditionsreichen **Café Platte**.

In Gegenrichtung gewinnt *Nr. 13* nahe der B 260 die **Schwalbacher Höhe** (Schutzhütte), ein vorzüglicher Aussichtspunkt über Bad Schwalbach hinweg zum Feldberg und zur Hohen Wurzel. Das Panorama wird wenig später, auf der anderen Straßenseite, ergänzt durch den nicht minder schönen **Wisperblick**. Hinter dem lauschigen Rastplatz quert *Vogel* erneut die B 260 und trifft am Wasserbehälter das Zeichen des *Wisperweges (W)*. W mündet nach steiler Gefällstrecke ins stille Röthelbachtal ein und kehrt im prächtig angelegten Landschaftspark unter uralten Bäumen, vorbei am wohlschmeckenden Stahlbrunnen, ins **Kurzentrum** zurück.

30 Über die Hohe Wurzel

Steile Bergpfade und stille Kammwege

Chausseehaus – Schläferskopf – Altenstein – Hohe Wurzel – Chausseehaus

Ausgangspunkt: Chausseehaus (Bushaltestelle).
Gehzeit: 4 Std.
Weglänge: 16 km.
Höhenunterschied: 450 m.
Markierung: Roter Punkt, XT, roter Strich, R, blauer Punkt.
Anforderungen: Kräftige Anstiegs- und Gefällstrecken.
Einkehrmöglichkeit: Chausseehaus, Schläferskopf, ✆ 0611/460939, Eiserne Hand.
Karte: TS Mitte.

Die beiden Aussichtstürme, die früher einer Tour zur Hohen Wurzel ihren Stempel aufdrückten, sind heute nicht mehr zugänglich. Der Gustav-Vietor-Turm ist baufällig, und sein Pendant auf dem Schläferskopf ist in ein Berggasthaus integriert (Zugang telefonisch erfragen). Trotzdem bleibt die Wanderung auf die Hohe Wurzel lohnenswert, denn es gibt unterwegs viele Naturschönheiten zu entdecken. An Sonn- und Feiertagen kann man sogar mit »Hessens längstem Denkmal« anreisen, der nostalgischen, dampfbetrie-

Wanderweg im Hochtaunus mit Blick zur Hohen Wurzel.

benen Naussauischen Touristikbahn. Sie hält im Bereich der Hohen Wurzel fahrplanmäßig am Chausseehaus und an der Eisernen Hand.
Von der Waldgaststätte **Chausseehaus** leitet der *rote Punkt* ganz bequem im netten Gehrnerbachtal zum Wassertretbecken. Die nächste Etappe ist dafür ziemlich steil. Sie führt auf Fels- und Wurzelpfaden an alten Eichenexemplaren vorbei hinauf zum **Schläferskopf**, benannt nach dem hier häufig vorkommenden Siebenschläfer. Der steinerne Turm wurde 1906 erbaut, zu Ehren Kaiser Wilhelm II., der in diesem Gebiet gerne zur Jagd weilte.
Weiter nördlich erreicht der *rote Punkt* das Wegekreuz an der Kaiser-Wilhelm-Straße. *XT* passiert jetzt eine Unterführung und biegt rechts in den Wald ein. Beim Haus Hubertus quert der *rote Strich*, der links gegen den **Altenstein** emporsteigt. So heißt die imposante Felsklippe aus hartem, verwitterungsbeständigem Taunusquarzit.
Vom Wendepunkt der Tour bringt der *rote Strich* hinab zum querverlaufenden *R*, das rechtshin zur **Eisernen Hand** führt, dem höchstgelegenen Bahnhof Hessens. Von dort wendet sich *R* wieder unter der Unterführung hindurch der **Hohen Wurzel** zu und gewinnt in langer Steigung den fichtenbestockten Gipfel. Traurig ist der **Gustav-Vietor-Turm** anzuschauen, verrostet und versperrt, mit ungewissem Schicksal. Das letzte Teilstück markiert der *blaue Punkt*, der in gerader Linie unerbittlich talwärts strebt. Erst am **Mathildenborn** wird es wieder flacher, und nach der Unverzagteiche ist es nicht mehr weit bis zum **Chausseehaus**.

31 Von Frauenstein zum Grauen Stein

Der Taunus im Kleinen

Frauenstein – Grauer Stein – Goethestein – Frauenstein

Ausgangspunkt: Wiesbaden-Frauenstein.
Gehzeit: 4 Std.
Weglänge: 16 km.
Höhenunterschied: 350 m.
Markierung: Schwarzer Punkt, rotes Kreuz, Pilz, rotes Dreieck, Kelch, schwarzer Punkt.

Anforderungen: Leichte Wanderung.
Einkehrmöglichkeit: Altes Weinhaus in Frauenstein, Nürnberger Hof.
Karte: TS Mitte.
Hinweis: Am schönsten während der Obstblüte.

Alle typischen Merkmale des Taunus konzentrieren sich rings um den schmucken Obst- und Weinbauort Frauenstein: Mischwald und Rebhänge, Felsklippen, verträumte Wiesengründe, ein solider Aussichtsturm und die Ruine einer Burg. Sie war ab 1231 Sitz des Frauenberger Rittergeschlechts. Um 1300 erwarb das Erzbistum Mainz den strategisch wichtigen Vorposten, als Speerspitze gegen die feindliche Grafschaft Nassau. Ein weiteres Vordringen gelang den Mainzern allerdings nicht, denn Nassau schnürte Frauenstein mit Wehrhöfen regelrecht ein. Im 18. Jh. verfiel die Burg, nur der Wachturm steht noch am Felsgrat des Spitzen Steins. Vor 350 Millionen Jahren entstand dieser Quarzgang, der sich bis zum Grauen Stein erstreckt.

Schon Goethe spazierte hier: Wanderweg am Spitzen Stein.

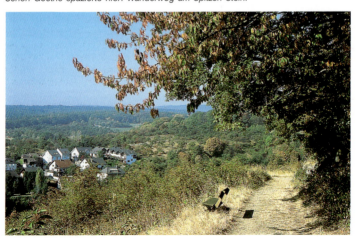

Von der 1000jährigen **Blutlinde** im Dorfkern erklimmen Stufen die Burgplattform. Ein Treppenweg leitet weiter an der Felskante aufwärts, bis der *schwarze Punkt* links abzweigt, Streuobstwiesen passiert, die Straße am Sportplatz quert und über die Obstplantagen des **Schleif** ins verträumte Lippachtal führt. Am Talende vermittelt links das *rote Kreuz* den Anschluß zum **Grauen Stein**. Wie der Rücken eines Reptils ragt die Quarzitklippe aus dem Wald.
Pilz folgt der geologischen Ader südwärts, von Felsen zu Felsen. Die schönste Formation liegt ein Stück hinter dem **Monstranzenbaum,** links abseits der Route. Ein Waldweg nimmt rechts hinab Kurs zur Markierung *rotes Dreieck*, die links haltend das botanisch wie zoologisch interessante Naturschutzgebiet Sommerberg durchmißt. Am Friedhof kreuzt der *Rieslingpfad*.
Kelch steigt jenseits der Hauptstraße im hübsch aufgewölbten Weinberg empor zum Nürnberger Hof. Links oberhalb (*schwarzer Punkt*) erinnert der **Goethestein** an den Wiesbadener Kuraufenthalt des Dichters 1815.
Letzte Station ist der weitblickende **Aussichtsturm** am Traubeneichenwäldchen, ehe ein Weinlehrpfad an der Burg vorbei zum **Ausgangspunkt** zurückbringt.

32 Wiesbadener Wanderwege

Kurpark, Neroberg und Leichtweißhöhle

Kurhaus – Burg Sonnenberg – Leichtweißhöhle – Neroberg

Ausgangspunkt: Kurhaus Wiesbaden.
Gehzeit: 4 Std.
Weglänge: 16 km, Streckenwanderung.
Höhenunterschied: 250 m.
Markierung: R, Nr. 1, gelber Strich, Blatt.
Anforderungen: Orientierungsvermögen und Erfahrung im Kartenlesen.
Einkehrmöglichkeit: Sonnenberg, Schützenhaus, Neroberg.
Karte: TS Mitte.

Vom Lieblingsplatz der badebewußten Römer über Wisibada, dem fränkischen »Bad in den Wiesen«, entwickelte sich Wiesbaden im

Animiert den Wanderer zur Einkehr – Burg Sonnenberg.

19. Jh. zur mondänen Weltkurstadt, gespeist von seinen Thermalquellen und dem Glanz der High Society. Heute bildet die Landeshauptstadt ein wichtiges Kongreßzentrum, mit einem einzigartigen Bestand an Bauwerken aus der Epoche des Historismus. Ihre Lage am Südrand der Taunusberge erlaubt eine Reihe schöner Wanderungen unmittelbar aus der City heraus.

Die Tempelfassade des Kurhauses dominiert den Wiesbadener Kurpark.

Eine Rundtour beginnt direkt am **Kurhaus**. Der 1852 angelegte Kurpark wird stadtauswärts bald von weitläufigen Kuranlagen abgelöst. Längs des idyllischen Rambachs erreicht *R* die romantische **Ruine Sonnenberg**. Nassauer Grafen ließen die Burg um 1200 errichten, die 1689 französischen Truppen zum Opfer fiel.

Ausgangs Sonnenberg strebt der *Kurweg 1* links an den Teichen vorbei ins Goldsteintal, bleibt rechts neben der Straße und bringt hinter dem Hundeplatz links am verträumten Bachufer zum **Schützenhaus**. Hier zweigt links der *gelbe Strich* ab. *Gelb* gewinnt bergan die Wegspinne an der alten Eiche, von der das Symbol *Blatt* geradeaus den **Rabengrund** ansteuert, eine ökologisch wertvolle Wieseninsel inmitten des Hochwaldes. An ihrem Rande hält ein Forstweg links abwärts ins idyllische Nerotal. Versteckt unter einer Felsklippe liegt dort die geheimnisumwitterte **Leichtweißhöhle**. Dem Räuberhauptmann Bernhard Leichtweiß soll sie Ende des 18. Jh. als Quartier gedient haben.

Weiter talauswärts, beim Obelisk, wendet sich die Route links dem **Neroberg** zu, dem vielbesuchten Wiesbadener Hausberg. (Aussichtsstempel von 1851, Café, Opelbad, Griechische Kapelle). Spektakulärer Abschluß der Wanderung ist hernach die Talfahrt mit der historischen **Nerobergbahn** (9.30–19.00 Uhr). Diese 1888 fertiggestellte Standseilbahn bewältigt die 80 Höhenmeter per Wasserballast, wobei der abwärts laufende Waggon sein Pendant heraufzieht. Von der Talstation verkehrt die Buslinie 1 zurück zum **Kurhaus**.

33 Kellerskopf und Jagdschloß Platte

Zwei Highlights im südlichen Taunus

Niedernhausen – Kellerskopf – Jagdschloß Platte – Niedernhausen

Ausgangspunkt: Bahnhof Niedernhausen (S-Bahn).
Gehzeit: 6 Std.
Weglänge: 25 km.
Höhenunterschied: 600 m.
Markierung: Gelber Strich, schwarzer Punkt, Milan, schwarzer Strich.
Anforderungen: Lang, aber überwiegend schattig.
Einkehrmöglichkeit: Kellerskpof, Schützenhaus, Platte.
Karte: TS Mitte.

Dank seiner isolierten Position bildet der Kellerskopf die markanteste Erhebung am südlichen Taunusrand. Die Kelten legten an seinem wohlgerundeten Gipfelkopf einen Ringwall an. Heute krönt ein steinerner Aussichtsturm den Berg, auf dem die Wanderrouten aus allen Himmelsrichtungen zusammenlaufen.

Bester Ausgangsort ist der Bahnhof im Verkehrsknotenpunkt **Niedernhausen**. Den Anfang macht das Zeichen *gelber Strich*. Es verläßt Niedernhausen westwärts, unterquert Bahnlinien und Autobahn, taucht im Mischwald ein und bewältigt die kräftezehrende Etappe empor zur Kammhöhe. Nach kurzer

Im Goldsteintal lockt das Schützenhaus mit seinem schattigen Biergarten.

Gefällstrecke leitet ein Gegenanstieg vollends zum **Kellerskopf** (Berggasthaus, Liegewiese). Auf dem ab 11 Uhr geöffneten Aussichtsturm erfaßt der Blick den gesamten Hochtaunus – ein herrliches Panorama!
Auf steilen Wurzelpfaden verläßt *Gelb* den Gipfel hinab ins Rambachtal, passiert in bunter Folge Wald- und Wiesengelände und quert das grüne Goldsteintal zum traditionsreichen **Schützenhaus**. Nach einer lauschigen Waldetappe kreuzt oben an der Wegspinne der *schwarze Punkt*, der rechtshin allmählich an Höhe gewinnt. Wenn später links der *Milan* abzweigt, ist es nicht mehr weit zum **Jagdschloß Platte**. Der klassizistische Bau, 1826 für Herzog Wilhelm von Nassau errichtet, brannte 1945 nach einem Bombentreffer vollständig aus, macht aber selbst als Ruine mit Freitreppe und Säulenkranz noch großen Eindruck.
Vom Gasthaus nebenan benutzt *schwarzer Strich* ostwärts die **Trompeterstraße**, die alte Postverbindung zwischen Wiesbaden und Idstein. Früher ließen die Postillione hier ihr Horn erschallen. Beim Sendemast durchstreift der *schwarze Strich* rechts die meilentiefen Buchenforste zur **Hohen Kanzel**, einem stimmungsvollen Gipfel mit seltener Vegetation und schönem Kellerskopfblick. Dahinter senkt sich die Route stetig bergab bis **Königshofen**. Zuletzt geht es im ökologisch bedeutsamen Autal zurück ins benachbarte **Niedernhausen**.

34 Von Idstein zum Kastell Zugmantel

Das Rothenburg des Taunus

Idstein – Oberauroff – Zugmantel – Eschenhahn – Idstein

Ausgangspunkt: Bahnhof Idstein oder Parkplatz an der Autobahnausfahrt.
Gehzeit: 3½ Std.
Weglänge: 15 km.
Höhenunterschied: 200 m.

Markierung: X, Wachturm, Y, Hexenturm.
Anforderungen: Teilweise unmarkierte Wege.
Einkehrmöglichkeit: Idstein, Eschenhahn.
Karte: TS Mitte.

Idstein ist die älteste Stadt im Rheingaukreis – und die schönste. Als Wahrzeichen ragt der Hexenturm (1355) über den schiefergedeckten Fachwerkhäusern empor. Die ehemals nassauische Straßenfestung läßt sich auf eine 1102 erwähnte Burganlage zurückführen. Stadtrecht genießt Idstein seit 1287. Graf Ludwig von Nassau gab 1624 den Auftrag für ein prächtiges Renaissanceschloß, das über eine Brücke und den historischen Torbogenturm (1497) mit dem König-Adolph-Platz im Zentrum verbunden ist. Dort drängt sich dicht an dicht ein malerisches Gebäudeensemble aus dem 15. und 17. Jh. Ein historischer Stadtbummel gleicht einem Gang durch die Jahrhunderte. Noch

Hexenturm (links) und Torturm prägen die Silhouette der Idsteiner Altstadt.

weiter zurück in die Vergangenheit führt die Wanderung von Idstein zum Kastell Zugmantel.

Sie beginnt oberhalb der Altstadt, am **Bahnhof** bzw. am Wanderparkplatz neben der Autobahnausfahrt. Anfangs muß X mit der Straße nach **Oberauroff** vorlieb nehmen. An der Liebfrauenkirche vorbei, einer gotischen Wallfahrtskirche von 1360, hält X im Wald bergan. Wenn X später rechts will, biegt links ein stimmungsvoller Forstweg ab, der bald auf die frühgeschichtliche Handelsroute »Hühnerstraße« stößt (jetzt B 417). Ein paar hundert Meter weiter liegt links der Chaussee das **Römerkastell Zugmantel**, erbaut um 83 n.Chr. zum Schutze der wichtigen Hühnerstraße. Neben rein militärischen gab es auch zivile Niederlassungen. Zu sehen sind die Reste eines Amphitheaters, ein rekonstruierter Wachturm sowie die Nachbildung eines Pfahlgrabens.

Von hier verläuft der *Limesweg* (Markierung *Wachturm*) im Wald streng ostwärts, passiert eine aussichtsreiche Kuppe, senkt sich hinab ins Dorf **Eschenhahn**, quert im lauschigen Talgrund den Kesselbach und trifft am Roßbergkamm die ehemalige Wiesbadener Postroute, die sogenannte »Siebenhügelstraße« (Y). Diese macht links haltend ihrem Namen alle Ehre. Hinter der B 275 taucht Y in den nächsten Talgrund ein. Unten, vom kleinen Teich, bringt das Symbol *Hexenturm* zum **Ausgangsparkplatz** zurück.

Hochtaunus

Eine »Schweiz im Kleinen« nannte man im 19. Jh. die bewegte, waldreiche Berglandschaft zwischen Lahn und Main, das Gebiet des heutigen Naturparks Hochtaunus. Sein Rückgrat bildet der von Südwest nach Nordost verlaufende dicht bewaldete Hauptkamm, die sogenannte Höh. Sie trennt die fast mediterran anmutende, klimatisch bevorzugte Südseite mit ihren mondänen Kurorten an der Frankfurter Peripherie von dem eher bäuerlich geprägten, beschaulich ruhigen Usinger Raum im Norden, dem sogenannten Buchfinkenländchen.

Beherrschende Erhebungen im Taunuskamm sind der 880 m hohe Große Feldberg sowie der vorgelagerte Altkönig (790 m). Winterstein (481 m), Johannisberg (269 m) und Hausberg (442 m) heißen die östlichen Randberge zur Wetterau. Auf der anderen Flanke des Feldbergmassivs dominieren Atzelberg (507 m), Rossert (515 m) und Staufen (451 m), während der noch weiter westlich aufragende Kellerskopf (474 m) nahe Wiesbaden bereits den Übergang zum Rheingaugebirge markiert. Im Kapellenberg (292 m) dicht am Main endet der kurze, südwärts verlaufende schmale Seitenast.

Pultförmig abgedacht sind die von der Höh nach Norden ausgerichteten Berge des Hintertaunus, deren wichtigste Erhebung der Pferdskopf (663 m) bildet. Alle genannten Gipfelpunkte tragen Aussichtstürme oder lassen von natürlichen Felsfreistellungen weit übers Land schauen. Diese Felsformationen – geologisch interessante Fenster zur Erdgeschichte – finden sich vielerorts im Hochtaunus. Es handelt sich dabei zumeist um Quarzitbänke, deren hartes Gestein aus dem weicheren Schiefer, dem eigentlichen Baumaterial des Gebirgsstocks, herausgewittert ist. Imposante Ausmaße erreichen die Quarzitadern an den Eschbacher Klippen, dem Marmorstein, der Weißen Mauer und am Großen Zacken.

Eine weitere Besonderheit im Hochtaunus sind die wildromantischen Täler der Nordseite. Namentlich die Weil, die Usa, die Aar und der Emsbach haben sich tief ins Gebirge eingeschnitten und der Landschaft ihr typisches Relief gegeben. Diesen Naturschönheiten stehen eine Vielzahl von kulturhistorischen Sehenswürdigkeiten gegenüber, Zeugen einer bewegten Vergangenheit. Älteste Siedlungsspuren wie die Ringwälle am Altkönig weisen auf die Kelten hin, die später durch die Germanen verdrängt wurden. Deutlicher ist die Anwesenheit der Römer dokumentiert. Ihr Grenzwall, der Limes, verlief von Bad Ems bis Butzbach quer durch den Taunus. Noch heute lassen sich Teilstrecken des Limes in Waldgebieten gut erkennen. Vielerorts sind Kastellfundamente freigelegt worden. In der Saalburg findet der Besucher sogar ein komplett rekonstruiertes Römerkastell vor.

Auf die Epoche der Alamannen, der Merowinger und Karolinger folgte die Zeit der territorialen Aufsplitterung in weltliche und kirchliche Macht. Zahlreiche Burgen aus staufischer Zeit und dem Mittelalter künden davon. Gerade

Frankfurts »Gute Stube« ist der stets gut besuchte »Römer«.

diese Ruinen verleihen vielen Taunusorten ihr romantisches Flair, z.B. Eppstein, Königstein, Kronberg, Oberreifenberg, Kransberg, Friedberg oder Altweilnau, um nur die wichtigsten zu nennnen.
Zur beherrschenden Macht im Bereich des Hochtaunus wurden die Katzenelnbogener und später die Nassauer Grafen. Deren Besitz fiel 1866 an Preußen und kam damit 1871 zum Deutschen Reich. Die deutschen Kaiser weilten gern im Taunus, sei es zur Jagd oder zur Kur. Damals erlebten auch die Taunusbäder wie Bad Schwalbach, Bad Soden, Bad Nauheim, Königstein oder Bad Homburg ihre Blüte. Die deutsche und europäische Aristokratie gab sich hier bis zum Ersten Weltkrieg ihr Stelldichein. Heute ist man bescheidener, man wirbt mit Wellness und »Kultur zum Anfassen«. Viele Taunusgemeinden haben beizeiten den touristischen Wert historischer Ortskerne erkannt, wie Idstein, Butzbach, Friedberg, Hofheim, Oberursel oder Usingen.
Als Tor zum Taunus gilt dank des guten S- und U-Bahnnetzes die alte Reichsstadt Frankfurt. Seit fast 2000 Jahren ist die aus einer römischen Ansiedlung hervorgegangene Mainmetropole wirtschaftliches und kulturelles Zentrum der Region. Einen Rundgang um den Römerberg, die »gute Stube Frankfurts«, sollte deshalb niemand versäumen.

35 Felsen am Dattenberg

Auf verschlungenen Pfaden

Schloßborn – Dattenberg – Ehlhalten – Schloßborn

Ausgangspunkt: Dorfzentrum Schloßborn.
Gehzeit: 3 Std.
Weglänge: 12 km.
Höhenunterschied: 200 m.
Markierung: Pfeil, schwarzer Punkt, Rechteck, Forelle, XT.

Anforderungen: Rauhe, einsame Wege, die teilweise ohne Markierung sind. Orientierungsvermögen erforderlich.
Einkehrmöglichkeit: Ehlhalten, Schloßborn.
Karte: TS Mitte.

Spürsinn verlangt diese Rundwanderung und die Bereitschaft, auf abseitigen, holprigen Pfaden zu wandeln. Dafür verspricht sie am felsdurchsetzten Dattenberg urwaldähnliche Eindrücke und wohltuende Stille.

Ausgangspunkt ist **Schloßborn** in der flachen Mulde des Seegrundes, harmonisch eingerahmt von grünen Waldrücken. Das schmucke Dorfzentrum zeigt neben Pfarrkirche und altem Rathaus noch die Reste einer mittelalterlichen Befestigung. Auf der Hauptstraße geht es nordwärts zum Dorfkern hinaus, dann links in die Dattenbergstraße und am Ende der Siedlung rechts in den Wald. Am Ende des Sträßchens zeigt halb links ein Wegweiser zur **Waldkapelle** (Bänke). Über die flache Kuppe des Butznickel leitet die unmarkierte Route weiter Richtung **Dattenberg**. In urwüchsiger Landschaft sucht

Ehemalige Kippelmühle im stillen Silberbachtal.

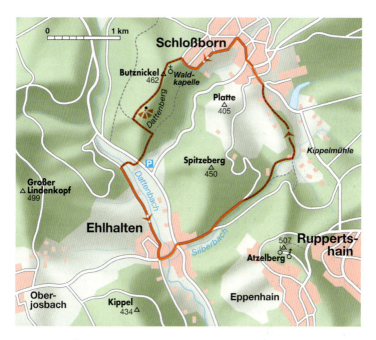

sich die Fußspur ihren Weg, zwischen umgestürzten Bäumen, Blockwerk und wildrankendem Gestrüpp. Den Dattenberg selbst krönt ein bizarrer Felsturm, für schwindelfreie ein zauberhafter Logenplatz.
Absteigend stößt die Fußspur auf die Terrasse einer alten Trockenmauer, die rechts den Anschluß zum *Sachsweg* ermöglicht. Dieser mündet links haltend in den *Dattenbergweg*, der seinerseits links auf die markierte Hauptwanderroute *Pfeil* trifft. Rechts ist es nun nicht mehr weit bis in den lauschigen Weiherbachgrund. Hinter der Landstraße überschreitet *Pfeil* den Dattenbach. Am jenseitigen Steilufer kreuzt der *schwarze Punkt*, der links aus dem Wald in eine Streuobstwiesen- und Auenlandschaft überwechselt.
Im kleinen Weiler **Ehlhalten** endet diese Idylle. *Rechteck* biegt hier links ins enge Silberbachtal ein. Beim Gabelpunkt wählt man links die *Forelle* und erreicht am Fuße des Atzelberges den Wiesengrund nahe der Kippelmühle. Später kreuzt *XT* und wendet sich links auf lauschigen Pfaden nordwärts, passiert buschig bewachsene Waldrandzonen, muntere Bachläufe und sanfte Schafweiden, bevor die Wanderung den Ortsrand von Schloßborn erreicht. Die Weiherstraße bringt abschließend in die **Dorfmitte** zurück.

36 Rund um Eppstein

In der Nassauischen Schweiz

Eppstein – Kaisertempel – Lorsbach – Baha'i Tempel – Eppstein

Ausgangspunkt: Eppstein (S-Bahnstation).
Gehzeit: 4 Std.
Weglänge: 15 km.
Höhenunterschied: 400 m.
Markierung: Blaues X, gelber Strich, schwarzer Punkt, Y, XT, blauer Punkt.
Anforderungen: Teilweise steile Anstiege.
Einkehrmöglichkeit: Eppstein, Kaisertempel, Ghs. Gundelhard, Lorsbach.
Karte: TS Mitte.

Im grünen Schoß des Schwarzbachtals liegt Eppstein, die »Perle der Nassauischen Schweiz«, malerisch überragt von seiner ehemaligen Reichsburg. Die 1122 erbaute Anlage war über Jahrhunderte Mittelpunkt der Eppsteiner Herrschaft. Nach 1722 verfiel die Burg. Von ihrer stimmungsvollen Kulisse mit den vielen Türmchen, dem Burggraben und dem Palas ließen sich besonders die Künstler der Romantik inspirieren. Den Mittelpunkt bildet der imposante Bergfried. Von dessen Plattform aus kommt die reizvolle Lage des Städtchens zwischen den steilen Waldhängen wundervoll zur Geltung – die ideale Einstimmung zur nachfolgenden Rundtour.

102

Malerisch überhöht Burg Eppstein das gleichnamige Städtchen.

Das erste Etappenziel ist dabei der **Kaisertempel** östlich hoch über dem Talgrund. Zu ihm windet sich in steilen Serpentinen das *blaue X* empor. Die 1878 im Stil der griechischen Antike errichtete Erinnerungsstätte beschert dem Wanderer einen herrlichen Ausblick. Nicht weit entfernt, oberhalb der Martinswand, liegt der Medelssohnstein. Von dort überquert *X* den Staufen. Stattliche Buchen, verstreute Blöcke und Brombeerschläge säumen den lauschigen Gipfelpfad. An der Schutzhütte gilt rechts ein kurzer Abstecher der Felsklippe **Großer Mannstein** mit hübschem Feldbergblick.
Wenn *X* später links abschwenkt, bleibt der *gelbe Strich* dem Kammweg treu. Beim Gasthaus **Gundelhard** leitet *schwarzer Punkt* rechts hinunter ins schmucke **Lorsbach**. Aus dem engen Talgrund meistert *schwarzer Punkt* den kräftigen Gegenanstieg zur Hochfläche von Langenhain, wo inmitten einer weiten Parkanlage die ungewöhnliche Glas- und Pfeilerarchitektur des **Baha'i-Tempels** überrascht. Der Kuppelbau entstand 1964 als Haus der Andacht.
Etwas monoton ist das nächste Teilstück mit *Y* über den bewaldeten Judenkopf. Dahinter quert *XT* und leitet durch lichte Streuobstwiesen, ehe ein enger Zickzackweg (*blauer Punkt*) abwärts zum voraussichtlich 2006 wiedereröffneten **Neufvilleturm** zieht. Luftbildartig erscheint der Tiefblick auf Eppstein! Zuletzt klingt die Tour in ein paar Kehren hinab zur historischen **Altstadt** aus.

37 Atzelberg und Rossert

Paradegipfel im südlichen Taunus

Fischbach – Rettershof – Atzelberg – Rossert – Fischbach

Ausgangspunkt: Fischbach, Busverbindung von Kelkheim.
Gehzeit: 4½ Std.
Weglänge: 18 km.
Höhenunterschied: 450 m.
Markierung: Blauer Strich, N, gelber Strich,
XT.
Anforderungen: Lauschige Waldwege, kaum Asphalt.
Einkehrmöglichkeit: Rettershof, Eppenhain, Fischbach.
Karte: TS Mitte.

Zwei markante Grünschiefergipfel, Atzelberg und Rossert, prägen die Landschaft zwischen Königstein und Eppstein. Ersterer zählt zu den dankbarsten Aussichtspunkten im Taunus. Seine Besonderheit sind die westseitigen Hochweiden, die einer weichgeformten Almlandschaft ähneln. Wilder und unzugänglicher gibt sich der benachbarte, felsbedeckte Rossert. Beide zusammen bilden den Aufhänger zur einer kurzweiligen Rundwanderung.
Sie startet in **Fischbach**, folgt der Markierung *blauer Strich* via Ruppertshainer Straße nordwärts zum Dorf hinaus und nähert sich schattenlos zwischen

Bergwiesen am Atzelberg.

bunten Streuobstwiesen dem **Rettershof**. Hübsch eingebettet in einer Talsenke liegt das ehemalige Hofgut des 1146 gestifteten Klosters Rettert. Die 400jährige Klostergeschichte endete 1592 mit der Vertreibung der letzten Nonnen. Das Hofgut selbst wurde um 1930 im historisierenden Stil umgestaltet, mit reich verziertem Torbau und bunten Wandgemälden.
Vom nebenstehenden Schloßhotel zieht der *blaue Strich* waldeinwärts, bis am Siedlungsrand von **Schneidhain** *N* links in die Kleberschneise einbiegt. Die schnurgerade Schneise gewinnt – eine Landstraße querend – schließlich den **Viktoriaweg** (*gelber Strich*). Dessen wunderschöner Verlauf läßt sich links haltend eine Weile auskosten, ehe hinter dem Eppenhainer Straßenkreuz der immer steiler werdende Anstieg zum **Atzelbergturm** beginnt. Zur Belohnung wartet oben eine komplette Taunus-Rundsicht, die Kenner sogar derjenigen vom Feldberg vorziehen. Fast alles, was Rang und Namen hat, liegt im Blickfeld.
Nächstes Etappenziel ist der stille Luftkurort **Eppenhain**. Hier übernimmt *XT* und strebt ab Ortsausgang auf verschlungenen Pfaden den bizarren Grünschieferfelsen am **Rossert** zu. Infolge früherer Brennholzwirtschaft ist der Laubwald hier aufgelichtet und gibt einer artenreichen Strauchvegetation Platz. Unterhalb der Schutzhütte weist XT in beachtlicher Neigung hangabwärts, kreuzt alle Querwege und führt zuletzt im Wiesengelände nach **Fischbach** zurück.

38 Von Hofheim zum Kapellenberg

Durch die Langschneise

Hofheim – Gundelhard – Kapellenberg – Hofheim

Ausgangspunkt: Bahnhof Hofheim (S-Bahn).
Gehzeit: 3 Std.
Weglänge: 13 km.
Höhenunterschied: 180 m.
Markierung: Roter Strich, gelber Strich.
Anforderungen: Langschneise monoton.
Einkehrmöglichkeit: »Zur Viehweide«, Gundelhard, Meisterturm.
Karte: TS Mitte.

Am südlichen Rand der Naussauischen Schweiz, dort, wo das romantische Schwarzbachtal die Waldberge verläßt, liegt Hofheim, eine der ältesten Siedlungen im Taunus (1050 als »Hoveheim« urkundlich erwähnt). In der historischen Altstadt mit ihren verwinkelten Gassen scheint die Zeit stehengeblieben zu sein. Mehr als 600 Jahre zählt der Hexenturm in der Ringmauer, von 1549 datiert das Rathaus, und die alles beherrschende Pfarrkirche stammt aus dem 15. Jh. Geschichtlich interessant ist auch der Hofheimer Hausberg, der Kapellenberg.

Von der **S-Bahnstation** bleiben *roter Strich* und *gelber Strich* anfangs dicht am Ufer des Schwarzbachs, queren die Hauptstraße am Untertor und verlassen Hofheim in der Kapellenbergstraße. Wenn *Gelb* links abzweigt, behält *Rot* die Richtung (Norden) bei. Nach längerer Strecke im schattigen Hochwald bietet das freundliche Ausflugsgasthaus »Zur Viehweide« die erste Einkehrmöglichkeit.

Die Kiefernwälder am Kapellenberg lassen an südliche Gefilde denken.

Kräftig bergan geht es zum Wirtshaus Gundelhard. Kurz davor kreuzt wieder *Gelb*, das links auf der Kammhöhe die **Langschneise** benutzt. Diese schier endlose Gerade führt streng südwärts dem ringwallgekrönten **Kapellenberg** entgegen. Älteste Besiedlungsspuren datieren aus der Jungsteinzeit. Auch die Römer unterhielten hier einen Wachtposten. Dem Wanderer erlaubt der 1923 errichtete **Meisterturm** eine herrliche 360°-Rundsicht über den südlichen Taunus, samt Feldbergmassiv, Königstein, Schwarzbachtal, Atzelberg, Hofheim und dem Häusermeer von Frankfurt. Fürs leibliche Wohl sorgt anschließend die Turmschenke.

Etwas unterhalb steht die schmucke **Waldkapelle**, erbaut 1857 auf dem Platz einer vormaligen Pestkapelle. Ausgangs der Ringwälle wechselt der Weg aus dunklen Buchenforsten in lichtdurchfluteten Kiefernwald, dessen würzig duftende Trockenvegetation an südliche Gefilde erinnert. Vorbei am Felsblock **Grauer Stein** und einem Aussichtspavillon stößt *Gelb* in rasantem Gefälle wieder auf die Kapellenbergstraße, die zurück zum **Ausgangspunkt** führt.

39 Bad Sodener Frühlingstraum

Weg der Obstblüte

Bad Soden – Rote Mühle – Johanniswald – Bad Soden

Ausgangspunkt: Bahnhof Bad Soden (S-Bahn).
Gehzeit: 3½ bis 4 Std.
Weglänge: 13 km.
Höhenunterschied: 150 m.
Markierung: Grüner Strich, roter Balken, schwarzer Strich.
Anforderungen: Leichte Wanderung
Einkehrmöglichkeit: »Rote Mühle«.
Karte: TS Mitte und TS Ost.
Hinweis: Am schönsten während der Apfelblüte.

Als im Jahre 1701 der Frankfurter Arzt Dr. Gladbach den Sodener Thermalbrunnen am Südhang des Taunus eine heilkräftige Wirkung bescheinigte, begann die Geschichte der »Gesundheitsoase im Grünen«. Während des 19. Jh. war Bad Soden bevorzugter Kurort namhafter Künstler wie Hoffmann von Fallersleben, Felix Mendelssohn-Bartholdy, Giacomo Meyerbeer, Richard Wagner oder Leo Tolstoi. Sie alle schätzten das ganzheitliche Wohlfühl-Erlebnis in Bad Soden, etwas, was auch heute wieder voll im Trend liegt. Dazu zählt neben den Badekuren auch ein Erkunden der näheren Umgebung. Vor allem zur Obstblüte entfaltet die Landschaft rund um Bad Soden ihren besonderen Zauber. Der Bad Sodener Frühlingstraum beginnt meist schon Mitte April. Dann ist es Zeit für eine Wanderung ins romantische Liederbachtal.

Wanderweg bei Bad Soden mit Blick auf Kronberg am Fuße des Altkönigs.

Vom **Bahnhof** bzw. dem beschaulichen **Quellpark** am Hundertwasserhaus folgt man dem Sulzbach und passiert mit dem *grünen Strich* Schwimmbad sowie Sportanlagen, bis die Route links empor gegen einen stimmungsvollen Kastanienhain ansteigt. Ausgangs des Wäldchens, hinter dem Gehöft Meilborn, berührt *grüner Strich* die B 8 und mündet zwischen farbenfrohen Streuobstwiesen ins idyllische Liederbachtal ein. Hier erlaubt das Landgasthaus **Rote Mühle** eine gemütliche Einkehr.

Weiter geht es am Waldrand taleinwärts, mit herrlichem Blick zur Ruine Königstein, ehe ein Querweg rechts zur Villensiedlung »**Am Johanniswald**« bringt. Drossel-, Bachstelzen- und Lerchenweg vermitteln den Anschluß an die Markierung *roter Balken*. Wenn *Rot* hinter der B 8 rechts abschwenkt, hält man geradeaus, bis der *schwarze Strich* rechts auf dem Grunderlenweg im Wald zur **Reitanlage** emporzieht.

Oben auf der Kammhöhe kreuzt *schwarzer Strich* die Kreisstraße und leitet zwischen Obstplantagen wieder Richtung Bad Soden. Die Paulinenstraße verläuft abwärts zum **Kurpark**. Musikpavillon, altes Badehaus und Paulinenschlößchen umschließen das kleine Areal. Von dort sind es nur wenige Minuten zurück zum **Bahnhof**.

40 Drei-Burgen-Tour

Rund um Königstein und Kronberg

Kronberg – Königstein – Falkenstein – Kronberg

Ausgangspunkt: Bahnhof Kronberg (S-Bahn)
Gehzeit: 4 Std.
Weglänge: 17 km.
Höhenunterschied: 250 m.
Markierung: Schwarzer Punkt, X.

Anforderungen: Leichte Wanderung.
Einkehrmöglichkeit: Kronberg, Königstein, Falkenstein.
Karte: TS Mitte und TS Ost.
Hinweis: Zeitreserve für Burgbesichtigungen einplanen.

An der Südseite der Höh, im klimatisch geschützten »Obstgarten des Taunus«, liegen zwischen sanft modulierten Waldkuppen die Luftkurorte Königstein, Falkenstein und Kronberg, jeweils überragt von einer malerischen Burg. In diesem zauberhaften Landstrich vor den Toren Frankfurts ließen sich Mitte des 19. Jh. begüterte Kaufleute nieder. Auch Kaiserin Viktoria lebte hier seit 1888 auf Schloß Friedrichshof, ihrem Witwensitz. Auf der Rundwanderung rings um Kronberg und Königstein wird man ihrem Namen wiederholt begegnen.

Vom **Bahnhof Kronberg** ist das erste Ziel die **Kronberger Burg**, eine staufische Gründung aus dem 13. Jh. Die fast komplett erhaltene Fachwerkburg

Schönste Ruine der Drei-Burgen-Tour ist Neu-Falkenstein.

vermittelt einen guten Einblick in das Leben der »alten Rittersleut«. Aus der verwinkelten Altstadt leitet die Markierung *schwarzer Punkt* abwärts in den idyllisch gelegenen **Kronthaler Quellpark** und nimmt dann links den Anstieg durch Mammolshain empor zum **Hardtbergturm**. Ein Stück weiter links zieht *X* abwärts nach **Königstein**, eindrucksvoll beherrscht von der gleichnamigen **Burg**. Die größte Wehranlage im Taunus entstand in der Stauferzeit und erlebte bis zu ihrer Sprengung durch französische Truppen 1796 verschiedene Herrschaftswechsel. Noch als Ruine hinterläßt sie einen gewaltigen Eindruck. Über den dreistöckigen Palas und die Geschützrondelle ragt mächtig der Bergfried empor, der ein herrliches Panorama erschließt.

Aus dem Stadtkern wendet sich *X* dem felsigen Falkensteiner Burgberg zu, der die dritte Ruine der Tour trägt. Von der zwischen 1255 und 1773 bewohnten **Burg Neu-Falkenstein** steht nur mehr der schlanke Bergfried, ebenfalls ein vorzüglicher Aussichtspunkt.

Unten im Ort Falkenstein wechselt die Wanderung auf den *schwarzen Punkt*, der im Mischwald dem **Viktoriatempel** zustrebt. Hangabwärts liegt die **Bürgelplatte**, ein mächtiger Felsblock aus vulkanischem Gestein. Hinter dem Hünerberg erreicht *schwarzer Punkt* ein weiteres Naturdenkmal, den 10 m hohen **Hauburgstein**. Von dort aus führt *schwarzer Punkt* durch den Villenvorort Schönberg zurück nach **Kronberg**.

41 Großer Feldberg und Altkönig

Von Frankfurts Haustür zum höchsten Taunusgipfel

Oberursel – Feldberg – Fuchstanz – Altkönig – Oberursel

Ausgangspunkt: Oberursel-Hohemark (U-Bahn).
Gehzeit: 6 Std.
Weglänge: 26 km.
Höhenunterschied: 700 m.
Markierung: Schwarzer bzw. roter Strich, Pfeil, Turm, X3, X7 und X14.

Anforderungen: Lang, dafür geologisch interessant.
Einkehrmöglichkeit: Sandplacken, Großer Feldberg, Fuchstanz.
Karte: TS Ost.
Hinweis: Nach der Wanderung Besichtigung der Altstadt von Oberursel.

Aus allen Himmelsrichtungen präsentiert sich der Feldberg souverän als höchste Erhebung im Taunus. Sein »Erkennungszeichen« sind die drei Türme, der Fernmeldekoloß, der gedrungene Rundfunksender und der zierliche Aussichtsturm des Taunusklubs. Weit geht der Blick übers Bergland, und wer den Turm selbst verschlossen findet, erklimmt statt dessen die malerischen Quarzitblöcke des Brunhildenstein.

Weit hinaus geht der Blick vom Feldberg über den Hintertaunus.

Frankfurts Hausberg wird gern von der U-Bahnstation **Oberursel-Hohemark** aus erwandert (U 3). Nach spektakulärem Auftakt (Holztreppe) bringt ein archäologischer Lehrpfad (*schwarzer Strich*) am wallumgürteten Goldgrubenkopf entlang zur Quarzitmauer **Goldgrubenfelsen**. Hinter diesem lauschigen Rastplatz kreuzt mit dem *roten Strich* markiert der *Metzgerpfad*, der links die Schritte steiler bergan lenkt, die Homburger Hütte passiert und mit dem Symbol *Pfeil* zur Kammhöhe emporstrebt. Oben gewinnt der *Limespfad* links haltend vorbei am Kleinkastell Heidenstock (38 n.Chr., Mauerreste) in langer Gerade den Straßenpaß **Sandplacken** (Gasthäuser).
Nächste Station ist das Fundament eines Römerturms, anschließend leitet *X3* links empor zum bevölkerten **Feldberggipfel**. Absteigend führt *X7* zum Wegeknotenpunkt **Fuchstanz** (Waldschänke). Links abzweigend wendet sich *X14* auf alpin anmutenden Pfaden dem **Altkönig** zu, der wie ein isolierter Vorposten dem Feldbergmassiv zur Seite steht. Beachtlich ist sein doppelter Ringwall aus mächtigen Quarzitblöcken, angelegt in keltischer Zeit etwa 400 v.Chr.
Vom stimmungsvollen Gipfelplateau strebt *X14* abwärts durch den großen Windbruch zur Kreuzung Pflasterweg. Ein kurzes Stück geradeaus liegt das Naturschutzgebiet **Weiße Mauer**, eine mächtige Blockhalde aus Quarzit unter knorrigem Bergahorn. Im weiteren Abstieg stößt man rasch wieder auf *X14* und erreicht am idyllischen Urselbach den **Ausgangspunkt**.

42 Saalburg und Hessenpark

Geschichte zum Anfassen

Saalburg – Herzbergturm – Hessenpark – Oberhain – Saalburg

Ausgangspunkt: Saalburg bei Bad Homburg, Buslinie 5; oder Bahnhof Saalburg, mit Zugang neben dem Pfahlgraben (3 km).
Gehzeit: 4 Std.
Weglänge: 15 km.
Höhenunterschied: 300 m.
Markierung: XT, Limesturm, schwarzer Strich, U, roter Strich, Eichblatt.

Anforderungen: Leichte Wanderung mit reichhaltigem Besichtigungsprogramm.
Einkehrmöglichkeit: Saalburg, Herzberg, Hessenpark, Oberhain.
Karte: TS Ost.
Variante: Vom Roßkopf direkt über den Limesweg zurück zur Saalburg, dann 3 km weniger.

Zu den großen Touristenmagneten im Hochtaunus gehören die Saalburg und das Freilichtmuseum Hessenpark. Beide verbindet eine unbeschwerte Höhenwanderung. Sie ist geschichtsnah, aussichtsreich und dabei auch geologisch sehr interessant.

Als Ausgangspunkt empfiehlt sich wegen der günstigen Verkehrsanbindung die **Saalburg**. Um 90 n.Chr. entstand hier ein typisches römisches Militärlager mit Wehrmauern, Wachttürmen und zivilen Niederlassungen, das 150 Jahre später dem Ansturm der Germanen zum Opfer fiel. Im Zuge der Limeserforschung Ende des 19. Jh. veranlaßte Kaiser Wilhelm II. höchst-

Haupttor der Saalburg, die ein modellhafter Nachbau eines Römerkastells ist.

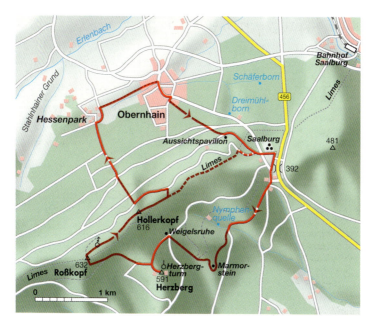

selbst den Wiederaufbau der Anlage, der 1907 abgeschlossen wurde. Seither vermittelt sie ein anschauliches Beispiel des täglichen Lebens an der einstigen Römischen Reichsgrenze. Einlaß ist täglich von 8–17 Uhr.

Vom Haupttor taucht X in die Stille des Hochwaldes ein und gewinnt rechts bald die Quarzitklippe **Mamorstein**. Wie Marmor schimmert das weiße Gestein aus dem Eichengrün. Dicht neben dem Felsgrat schlängelt sich XT empor zur Verzweigung **Weigelsruhe**, hält sich oben links und erreicht wenig später den 1911 erbauten **Herzbergturm**. Ein neuerlicher Kurzanstieg gilt nordwärts dem **Roßkopf**. Dort folgt die Wanderung rechts dem *Limesweg*, bis im nächsten Bergsattel der *schwarze Strich* links abwärtszieht zum **Hessenpark**. Scheunen und Ställe, Werkstätten, Wohnhäuser und Windmühlen repräsentieren hier den dörflichen Lebensbereich und zeigen ein historisches Abbild des ländlichen Hessens vergangener Jahrhunderte.

Vom Freilichtmuseum führt U zwischen den Wiesen weiter nach **Oberhain**. Dort wechselt die Markierung abermals. Der *rote Strich* verläßt das Dorf in der Herzbergstraße, gewinnt im Wald rasch an Höhe, mündet unterhalb des **Aussichtspavillons** in die Route *Eichblatt* und erreicht schließlich wieder die **Saalburg**.

43 Bad Homburg

Historischer Stadtrundgang mit Kurparkbummel

Schloß – Kurhaus – Hardtwald – Kurpark – Schloß

Ausgangspunkt: Bad Homburg (Parkhaus am Schloß).
Gehzeit: 2 Std.
Weglänge: 8 km.
Höhenunterschied: 80 m.
Markierung: Keine.
Anforderungen: Alle Wege sind kurgastgerecht.
Einkehrmöglichkeit: Café Hardtwald, Kurpark, Fußgängerzone.
Karte: TS Ost.

Bad Homburg »vor der Höhe« verdankt seine Entwicklung zum Kurort den Mineralquellen und der klimatisch begünstigten Lage am südlichen Taunusrand. Ab 1622 residierten hier die Landgrafen Hessen-Homburg, u.a. auch Friedrich II., der Kleistsche »Prinz von Homburg«. Wegen einer Unterschenkelprothese trug er den Beinnamen »mit dem silbernen Bein«. 1866 wählten die Hohenzollern Homburg zu ihrem Sommersitz. Damit begann der Aufstieg zum mondänen Staatsbad. Die gekrönten Häupter der Welt gaben sich hier ihr Stelldichein, bis diese Epoche mit dem Ersten Weltkrieg ein jähes Ende nahm. Durch den Ausbau zur Kongreßstadt fand Homburg jedoch wieder zu altem Glanz zurück. Zu einem gemütlichen Bummel animieren der historische Ortskern und die gepflegten Kuranlagen, die in der angrenzenden Ruhezone des Hardtwaldes ihre natürliche Ergänzung finden.

Ausgangspunkt ist das prunkvolle **Landgrafenschloß**, dominiert vom **Weißen Turm**, dem Wahrzeichen Homburgs. Aus dem **Schloßgarten** bringt die Dorotheenstraße in die barocke Vorstadt. Links am Ende der Thomastraße liegt das Kurhaus, hinter dem sich der **Kurpark** ausbreitet. Eingangs zielt die schattige Brunnenallee direkt auf den Kaiserbrunnen. Zwischen der Spielbank und dem Dreiflügelbau des **Kaiser-Wilhelm-Bades** geht es über den Paul-Ehrlich-Weg und weiter im Wingertsbergweg empor gegen den Hardtwald.

Der Abstecher rechts zum Ellerhöhturm lohnt nicht; statt dessen nimmt man den zweiten Querweg links und bummelt in der Stille des Laubwaldes solange geradeaus, bis an der Schutzhütte links der Abzweig zur **Reithalle** beim **Café Hardtwald** erfolgt. Dort leitet die Markierung *Rechteck* links in einem verträumten Seitentälchen wieder hinab in den Kurpark. Rechts der Tennisanlagen setzen sich die Sehenswürdigkeiten fort mit dem **Siamesischen**

Teil der Bad Homburger Stadtbefestigung ist der sogenannte Hexenturm.

Tempel und der **Russischen Kirche**. Zurück am **Kurhaus** führt die Fußgängerzone (Luisenstraße – Schulberg) schließlich zum **Hexenturm** in der mittelalterlichen Stadtbefestigung. Ein paar Meter weiter vor dem **Schloß** endet der Rundgang.

44 Von Schmitten auf den Feldberg

Talauen, Burgruinen und Aussichtsfelsen

Schmitten – Oberreifenberg – Feldberg – Schmitten

Ausgangspunkt: Kirche in Schmitten.
Gehzeit: 5½ Std.
Weglänge: 22 km.
Höhenunterschied: 500 m.
Markierung: Schmetterling, Rechteck, schwarzer Punkt, X3, X7.
Anforderungen: Steile An- und Abstiege.
Einkehrmöglichkeit: Oberreifenberg, »Rotes Kreuz«, Großer Feldberg.
Karte: TS Ost.

Malerisch liegt der Luftkurort Schmitten im oberen Weiltal eingebettet. Er gilt als schönster Ausgangspunkt für die Erwanderung des Großen Feldbergs. Von der **Felsenkirche im Ortskern** führt *Schmetterling* in das parkähnliche **Obere Weiltal**. Beim Trippelweiher wendet sich *Rechteck* dem jäh aufragenden Bergkegel mit der **Ruine Oberreifenberg** zu. Sie zählt zu den eindrucksvollsten Höhenburgen im Taunus und ist seit 1234 als Stammsitz der Herren

Sanfte Anstiege führen vom Oberreifenberg zum Großen Feldberg.

von Reifenberg bekannt, berüchtigte Raubritter, die die Burg zum Schutz gegen Verfolgung im 14. Jh. stark ausbauten. Davon künden noch die 4 m dicken Schildmauern und der runde Pulverturm. Geschleift wurde die Burgumwehrung 1648. Vom Bergfried schweift der Blick hinüber zum türmegespickten Feldberg. Die Markierung *schwarzer Punkt* verläuft weiter nach **Niederreifenberg**, verläßt den Ortsteil links vor dem Friedhof und kreuzt im Anstieg gegen den Weilsberg die Hühnerstraße. Bald zeigt rechts ein Wegweiser abwärts zum **Großen Zacken**. Diese mächtige Quarzitklippe inmitten einer eindrucksvollen Schluchtwaldflora bildete der Legende zufolge den bevorzugten Aussichtsplatz des Räuberhauptmanns Schinderhannes.

Zurück am Wegweiser (80 Höhenmeter) nimmt *Rechteck* Kurs auf die ehemalige Zollstation »Rotes Kreuz«. Mit *X3* ist es links abzweigend nicht mehr weit zum **Römerkastell Feldberg**. Ein Seitenweg bringt rechts zur Weilquelle und zum Parkplatz Windeck. Nächste Station ist links der belebte **Feldberggipfel**. Absteigend wählt man die Nordwestschneise unterhalb des Fernmeldeturms, kreuzt alle Querwege und gelangt in ihrer Verlängerung – an der großen Wegspinne links – unfehlbar in die Feldbergsiedlung hinab. Von dort zieht *X7* weiter zur **Gertrudiskapelle**, durchquert Oberreifenberg und biegt rechts in den idyllischen Schmittgrund ein. Später passiert *X7* noch die Reste der im Mittelalter heiß umkämpften **Burg Hattstein**, ehe er nach langer Gefällstrecke wieder in den Schmittener Talkessel einmündet.

45 Zum Aussichtsturm Pferdskopf

Steile Wege im Hintertaunus

Finsternthal – Riedelbach – Pferdskopf – Treisberg – Finsternthal

Stimmungsvolle Waldpfade ziehen vom Pferdskopf hinab ins Weiltal.

Ausgangspunkt: Finsternthal.
Gehzeit: 4½ Std.
Weglänge: 18 km.
Höhenunterschied: 300 m.
Markierung: Pfeil, U, Schmetterling, X, Balken.

Anforderungen: Teilweise steile Wege.
Einkehrmöglichkeit: Riedelbach, evtl. Seelenberg, Treisberg.
Karte: TS Ost.
Hinweis: Am besten zur Heideblüte im August.

Im Mittelpunkt dieser Wanderung steht der 663 m hohe Pferdskopf, die bedeutendste Erhebung im Hintertaunus. Tiefe Taleinschnitte isolieren ihn ringsum, und dank seines massiven Aussichtsturms ist er von allen Seiten her leicht zu erkennen. Zusammen mit dem Naturschutzgebiet Riedelbacher Heide bildet er den Aufhänger zu einer netten Rundtour.

Sie beginnt in **Finsternthal**, im engen Grund des Niedgesbaches. Anfangs bleibt die Markierung *Pfeil* neben der Straße Richtung Mauloff, steigt dann aber links in mehreren Serpentinen empor zur freien Anhöhe. Voraus liegt **Riedelbach**, eingebettet in einer flachen Senke. Balken durchquert den Ort und hält links aufwärts zum Segelflugplatz. Unmittelbar dahinter dehnt sich das Naturschutzgebiet **Riedelbacher Heide** aus, ein ansehnlicher, 8 ha großer Wacholderbestand zwischen Kiefern, Birken und Heidekraut. Entstanden ist diese einzigartige Landschaft durch Waldbeweidung (Hude), bei der das Vieh die weichen Baumsprößlinge fraß, aber den eher harten Wacholder mied.

Vom Flugplatz strebt *Pfeil* zunächst als monotones Asphaltsträßchen südwärts, biegt aber hinter der B 275 rechts in den stimmungsvollen Hochwald ein. Später zweigt *U* links ab zu den Wiesenflächen oberhalb **Seelenberg**. Dort wechselt erneut die Markierung. Mit *Schmetterling* geht es Richtung NW auf breitem Forstweg in moderater Steigung zum buchenbestockten **Pferdskopf**. Sein 37 m hoher Aussichtsturm übersteigt souverän alle Baumwipfel. Beherrschender Blickfang ist das Feldbergmassiv, aber auch die anderen Tanunuskämme treten plastisch hervor. Besonders schön wirkt der Tiefblick ins Weiltal, mit Burg Altweilnau und Schloß Neuweilnau.

Auf *X* folgt nun ein jäher Steilabstieg nach **Treisberg**. Dort trifft man am alten Schulhaus das Zeichen *Pfeil*. Letzteres führt rechts zwischen Wiesen und Waldstreifen in sanfter Gefällstrecke zurück zum **Ausgangspunkt**.

46 Zu den Eschbacher Klippen

Kletterabenteuer im Taunus

Eschbach – Buchstein – Kransberg – Eschbach

Ausgangspunkt: Eschbach, Busverbindung von Usingen.
Gehzeit: 4 Std.
Weglänge: 15 km.
Höhenunterschied: 300 m.
Markierung: Blauer Strich, schwarzes Dreieck, X3, grüner Strich.
Anforderungen: Lauschige Waldwege mit Klettereinlage.
Einkehrmöglichkeit: Kransberg-Dorf sowie Café oberhalb der Burg.
Karte: TS Ost.

Das eindrucksvollste Naturdenkmal im Taunus sind die Eschbacher Klippen am Nordrand des Usinger Beckens. »Buchstein« heißt die mächtige, 60 m lange und bis zu 17 m hohe Quarzmauer, die über Jahrmillionen durch Erosion aus dem weichen Schieferuntergrund herausmodelliert wurde. Rings um den bizarren Felskamm breitet sich eine bezaubernde Heidelandschaft aus, mit Ginster-, Wacholder- und Birkenbeständen. Weitere Stationen der naturnahen Rundwanderung sind das verwunschene Michelbachtal sowie die ökologisch bedeutsame Hainbuchenallee an der Kransberger Burg.

Wie der Rücken eines schlafenden Drachens – die Eschbacher Klippen.

Monoton wirkt die erste Etappe von **Eschbach** mit *blauer Strich* längs der Straße zum Parkplatz Eschbacher Klippen. Rechts ist der **Buchstein** ausgeschildert. Dank des gut gestuften Gesteins läßt er sich an seiner schwachen Seite auch von Ungeübten bezwingen.
Nach diesem »alpinen Abenteuer« geht es durch die farbenfrohe Eschbacher Heide zum Pfaffenkopf und weiter auf lauschigem Waldrandweg (*schwarzes Dreieck*) ins **Michelbachtal**. Rechts hinter der Brücke ermöglicht ein Wiesenpfad Anschluß an die Hauptroute *X3*, die dem idyllischen Bachlauf südwärts folgt. Schwarze Schieferfelsen, klares Wasser und satte Auwiesen erfreuen das Auge.
Um Wernborn schlägt das Tal einen Bogen und mündet dann in die muntere Usa. Nur ein kurzes Stück gibt X3 diesem Flüßchen Geleit, dann geht es rechts durchs enge Wiesbachtal. Auf steilem Sporn rückt bald **Burg Kransberg** ins Blickfeld. Fast senkrecht steht sie über dem gleichnamigen Dorf, eine vom schlanken Bergfried beherrschte Anlage aus dem 13. Jh., die im 19. Jh. ihre schloßartige Umgestaltung erfuhr. Zugang ist (via Fahrstraße) nur bis zum Burgtor möglich. Dort folgt *grüner Strich* der erwähnten **Hainbuchenallee**, passiert im Wald die um 1700 erbaute **Kreuzkapelle**, hält bei der Weggabel rechts und überquert nach langem Gefälle erneut die Usa. Etwa 100 m rechts neben der B 275 zweigt links ein Feldweg ab, der über eine Anhöhe zurück zum **Ausgangspunkt** führt.

47 Über dem Weiltal zum Weiltalblick

Wo das zweitälteste Pfarrhaus Hessens steht

Rod – Cratzenbach – Neuweilnau – Rod

Ausgangspunkt: Ortskern Rod an der Weil.
Gehzeit: 3½ Std.
Weglänge: 13 km.
Höhenmeter: 250 m.
Markierung: X, Dreieck, Eule, gelber Strich, blauer Strich, Forelle.

Anforderungen: Der häufige Markierungswechsel erfordert hohe Aufmerksamkeit und Orientierungsvermögen.
Einkehrmöglichkeit: Cratzenbach, Neuweilnau, Erbismühle.
Karte: TS Ost.

Kulissenartig vorspringende Bergrücken, jähe Felsklippen und anmutige Wiesengründe prägen das obere Weiltal und fordern zu einer Talumrundung geradezu heraus. Angesichts der Streckenlänge bietet sich eine Aufgliederung in zwei jeweils abgeschlossene Teiletappen an (zweite Etappe Tour 48). Die erste Runde beginnt in **Rod**, wo das zweitälteste Pfarrhaus Hessens (1522) steht. Sein Fachwerkobergeschoß ruht auf einem wehrhaften, burg-

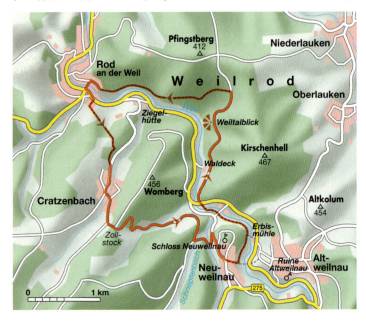

Tief duckt sich Rod an der Weil im gleichnamigen Talgrund.

ähnlichen Unterbau, gesichert durch Pechnase und Fallgitter. Aus dem Ortskern geht es neben der Hauptstraße südwärts, bis X rechts bergan den Ort verläßt. Hübsch ist der Rückblick von der Anhöhe, ehe der Weg in den stillen Wiesengrund bei **Cratzenbach** einmündet.

Aus dem weltabgeschiedenen Weiler bringt ein kurzer Steilaufschwung zum Rastplatz **Zollstock**, dem Scheitelpunkt der Strecke. Weit öffnet sich die Sicht über die Bergumrahmung der Weil. Beim Wegweiser biegt X in ein stimmungsvolles Seitentälchen ein und erreicht unterhalb des Schloßberges **Neuweilnau**. Dessen ehemalige Burg wurde im 16. Jh. von den Nassauer Grafen im Renaissancestil umgebaut. Heute beherbergt das Schloß die Forstverwaltung.

Die Markierung *Dreieck* geleitet vom Schloß abwärts zur **Erbismühle**. Seit 1234 steht die ehemalige Mühle am Ufer der Weil, inzwischen umfunktioniert zum modernen Sporthotel. Mit der *Eule* geht es jetzt nordseitig um den Schloßberg herum, bis an der Teichanlage der *gelbe Strich* kreuzt. *Gelber Strich* quert rechts haltend die Weilauen und gewinnt hinter der B 275 an der östlichen Talseite an Höhe. Bald zeigt ein Schild zum **Weiltalblick**, einem Aussichtspavillon hoch über dem Talgrund.

Wenig später wechselt die Route links auf den *blauen Strich*. Immer häufiger treten Felsgebilde aus dem Wald hervor, Grauwacke in bizarren Erosionsformen. Zuletzt senkt sich die Markierung *Forelle* hinab zur Weil und führt als lauschiger Uferweg zurück nach **Rod**.

48 Über dem Weiltal zur Landsteiner Mühle

Zum Aussichtspunkt »Hundert Stufen«

Neuweilnau – Landsteiner Mühle – Altweilnau – Neuweilnau

Ausgangspunkt: Neuweilnau.
Gehzeit: 3 Std.
Weglänge: 11 km.
Höhenmeter: 250 m
Markierung: O, Käfer, X.
Anforderungen: Teilweise recht steile, aussichtsreiche Wanderung.
Einkehrmöglichkeit: Landsteiner Mühle, Altweilnau.
Karte: TS Ost.

Ausgesprochen kurzweilig ist auch der zweite Teil der Weiltalwanderung zur malerischen Burg Altweilnau und zur Landsteiner Mühle. Mehrere Felspartien säumen das typische Steilhangtal und erlauben unterwegs hübsche Tiefblicke, besonders am spektakulären Aussichtspunkt »Hundert Stufen«.

Der Wandertag beginnt in **Neuweilnau** unterhalb des Schloßes (siehe Tour 47). O durchmißt den Ort südwärts, passiert eine nette Rastanlage und taucht hinter der B 275 im kühlen Waldschatten unter. Ausgesprochen angenehm wandert es sich in der Flanke des Wolfsküppel. Die ganze Vielfalt heimischer Vegetation säumt den Wegesrand, und zahlreiche Klippen erfreuen das Auge. Wenn von links X einmündet, verläuft die Route im Rechtsbogen abwärts ins idyllische Niedgesbachtal. Auf der anderen Seite der Kreisstraße steht neben dem Gasthaus **Landsteiner Mühle** der Torturm der Ruine Landstein. Die vormalige Burg stammt aus dem 15. Jh. und diente dem Schutz eines nahegelegenen Klosters. Seit Ende des Dreißigjährigen Krieges ist sie verfallen. Über die Mühle erfährt der Besucher, daß 1738 Johann Phillip Busch von den Nassauer Grafen einen Müllerbrief erhielt. Der letzte Müller betrieb die Öl- und Kornmühle bis 1957. Heute beherbergt das Fachwerkgehöft ein Ausflugsgasthaus.

Gegenüber der B 275 zeigt in einer Busbucht ein Wegweiser zum Felsbalkon **Hundert Stufen**. Steil windet sich der Felssteig zunächst zur Albertsruhe empor. Dicht darüber (Holztreppe) steht der eigentliche Aussichtspavillon. Unterhalb der Felsen erreicht *Käfer* in gemütlicher Hangquerung **Altweilnau**. Malerisch überragt die gleichnamige Ruine den schmucken Ort. Burg Weil-

Heute ein Aussichtsturm: Bergfried der Burgruine Altweilnau.

nau stammt aus dem 12. Jh. und war Sitz eines Grafengeschlechts, das sich 1302 in die Linie Alt- und Neuweilnau teilte. Erhalten ist der wehrhafte Bergfried, der herrlich in die Runde schauen läßt. Vorbei an der alten Stadtmauer und dem Torturm verläßt X Altweilnau südwärts, senkt sich hinab ins Weiltal und führt im kurzen Gegenanstieg wieder nach **Neuweilnau** empor.

49 Über den Winterstein

Von Friedberg in den Jugendstilort Bad Nauheim
Friedberg – Winterstein – Bad Nauheim

Ausgangspunkt: Bahnhof Friedberg.
Endpunkt: Bahnhof Bad Nauheim; Rückkehr mit der Bahn (stündlich).
Gehzeit: 5 Std.
Weglänge: 20 km.
Höhenunterschied: 400 m.
Markierung: Rotes Kreuz, grüner Punkt, gelbes Kreuz, U.
Anforderungen: Lang, einige Asphaltetappen.
Einkehrmöglichkeit: Gasthaus Winterstein, Gasthaus Johannisberg, evtl. Autobahnraststätte Wetterau.
Karte: TS Ost.

Drei Kilometer sind es nur von der ehemals freien Reichsstadt Friedberg zur Jugendstilperle Bad Nauheim. Doch wer einen Umweg über den Winterstein macht, kann gut 5 Std. in freier Natur unterwegs sein.
Ausgangspunkt ist der **Bahnhof** in **Friedberg**. Der Ort entstand um 1200, im Schutze kaiserlicher Wehranlagen. Zentrale Achse im Stadtkern ist die prächtige Kaiserstraße, die unmittelbar auf die **Burg** zuläuft. Bollwerk, Graben, Ringmauern und Innenhof werden dominiert vom **Adolfsturm**, einem 1347 erbauten Bergfried in typischer Butterfaßform. Er trägt den Namen des prominenten Gefangenen Adolf I. von Nassau, mit dessen Lösegeld die Burgmannen ihren Turm seinerzeit finanzierten (siehe Tour 12).

Sprudelhof des Jugendstilbades Bad Nauheim.

Vom Burgfeld leitet *rotes Kreuz* abwärts zu den Sportanlagen, tritt hinaus in bunte Feldflur, passiert den Rastplatz **Steinern Kreuz** und zieht in gerader Linie zu den Streuobstwiesen am Galgenkopf. Ab der Hoffmann-Eiche gibt der *grüne Punkt* die Richtung an. Er unterquert die Autobahn und steigt gemeinsam mit dem *gelben Kreuz* zum neuen **Aussichtsturm** am Winterstein empor. Eichenhain und wie von Riesenhand verstreute Felsblöcke verleihen der Gipfelkuppe eine besondere Stimmung.
Abwärts schlängelt sich *U* auf lauschigen Pfaden zum **Waldcafé Winterstein**, mündet dort in einen asphaltierten Forstweg, der hinter der Autobahn von einer ruhigen Chaussee abgelöst wird. Diese »Durststrecke« endet beim Segelflugplatz, wo links ein Waldweg Richtung Johannisberg abzweigt. Sein steinerner Rundturm trägt die **Volkssternwarte Wetterau**, geöffnet jeden Dienstag ab 20 Uhr. Zu sehen ist auch das Fundament eines **Römischen Wachturms**, datiert um 200 n.Chr.
Vom noblen Gasthaus Johannisberg führt ein Weg hinab in den weitläufigen Kurpark von **Bad Nauheim**. Um die Heilwirkung der hiesigen Quellen wußten bereits die Kelten. 1579 entstand das erste Gradierwerk, und seit 1835 gibt es ein Solebad. Berühmt ist der **Sprudelhof** ausgangs der Kuranlagen, erbaut 1904 im repräsentativen Jugendstil. Am nahegelegenen **Bahnhof** endet die Wanderung.

50 Den Römern auf der Spur

Von Butzbach zum Limes

Butzbach – Hausen – Münster – Butzbach

Ausgangspunkt: Bahnhof Butzbach.
Gehzeit: 4½ Std.
Weglänge: 18 km.
Höhenmeter: 350 m.
Markierung: X, rotes Dreieck, Turm, blauer Strich, schwarzer Strich.

Anforderungen: Abwechslungsreiche Wanderung mit teils kräftigen An- und Abstiegen.
Einkehrmöglichkeit: Hausen, Münster, Altstadt von Butzbach.
Karte: TS Ost.

Nahe des heutigen Städtchens Butzbach unterhielten die Römer eine Garnison. Auch nach 2000 Jahren sind ihre Spuren noch deutlich sichtbar. Über mehrere Kilometer hat sich der Wall des einstigen Pfahlgrabens erhalten. Rekonstruktionen sind dagegen der hölzerne Pallisadenzaun und der Wachturm, die den Charakter des einstigen römischen Grenzsystems anschaulich vermitteln.

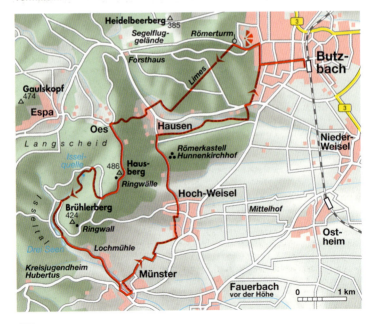

Butzbach zeigt einen der schönsten Marktplätze Hessens.

Die Wanderung zum Limes beginnt direkt im **Butzbacher Zentrum**. Der Ort wurde 773 erstmals erwähnt und erhielt 1321 Stadtrechte. Sein gut erhaltener mittelalterlicher Kern mit Befestigungsmauern, Türmen und Fachwerkhäusern besitzt einen der schönsten Marktplätze Hessens. Sehenswert sind vor allem das historische Rathaus (1560) sowie die Markuskirche (13. Jh.).

Vom **Bahnhof** leitet *X* via Taunusstraße zum Waldrand empor. Dort zweigt rechts das *rote Dreieck* zum Aussichtspavillon ab. Etwas oberhalb dieser stimmungsvollen Rastanlage stehen **Römerturm** und Pallisadenzaun. Hier verläuft gut sichtbar der **Limes**, dem die Markierung *Turm* links durch lichten Buchenforst bis zu dem idyllischen Wiesengrund bei **Hausen** folgt. Aus diesem weltabgeschiedenen Bergweiler erklimmt *X* das Steilstück nach **Oes**. Am Kammscheitel rechtshaltend bewältigt *blauer Strich* den Anstieg zum **Hausberg**. Vier vorgeschichtliche Ringwälle umgürten dessen kahles Plateau. Tafeln erläutern ihre Anordnung.

Vom Hausberg senkt sich *Strich* in langer Gefällstrecke abwärts ins Isseltal, passiert die steingefaßte **Isselquelle** und zieht als lauschiger Waldweg an den sogenannten **Drei Seen** vorbei zur ehemaligen Lochmühle. Etwas weiter, in **Münster**, trifft man wieder auf den *Limesweg*. Der leitet über freie Feldflur nach **Hoch-Weisel** und nähert sich in aussichtsreicher Waldrandlage wieder dem Weiler Hausen. Unmittelbar vor Hausen nimmt rechts *schwarzer Strich* im Seitentälchen Kurs auf **Butzbach** und führt via Goethe- und Taunusstraße ins Zentrum zurück.

Stichwortverzeichnis

Die Zahlen hinter den Begriffen beziehen sich auf die Tourennummern.

Adolfseck 12
Adolfsturm 49
Altenberg 21
Altenkirchen 4
Altenstein 30
Altkönig 41
Altweilnau, Burg 48
Altweilnau, Dorf 48
Arnstein, Kloster 10
Assmannshausen 22
Atzelberg 37
Atzmann 18
Aulhausen 23

Bacharacher Kopf 22
Bächergrund 22
Bad Camberg 6
Bad Ems 13
Bad Homburg 43
Bad Nauheim 49
Bad Schwalbach 29
Bad Soden 39
Baha'i-Tempel 36
Balduinstein 9
Bergnassau 10
Bermbach 3
Bliedeneck Schanze 20
Boosenburg 23
Bornhofen, Kloster 15
Braubach 14
Braunfels, Schloß 3
Braunfels, Stadt 3
Brömser Burg 22, 23
Brühlsbacher Warte 1
Brunnenburg, Klosterruine 9
Bubenhäuser Höhe 26
Burgschwalbach 8
Butzbach 50

Chausseehaus 30
Cleebaum 2
Cleeberg, Burg 2
Cleeberg, Dorf 2
Cratzenbach 47

Dattenberg 35
Dietkirchener Basilika 7
Diez, Grafenschloß 7
Diez, Stadt 7
Dinkholder Tal 14
Dombach 6
Dörscheid 16

Eberbach, Kloster 25
Ehlhalten 35
Ehrenfels, Ruine 22
Eiserne Hand 30
Elisabethentempel 29
Eltville 26
Eppenhain 37
Eppstein, Burg 36
Eppstein, Stadt 36
Erbismühle 47
Eschbach 46
Eschbacher Klippen 46
Eschenhahn 34
Espenschied 18

Falkenstein, Ort 40
Falkenstein, Ruine 40
Feldberg, Großer 41, 44
Feldberg, Römerkastell 44
Finsternthal 45
Fischbach 37
Frauenstein, Dorf 31
Frauenstein, Ruine 31
Freienfels, Dorf 5
Freienfels, Ruine
Friedberg 49
Frücht 13
Fuchstanz 41

Gabelstein 9
Geroldstein 18
Gertrudiskapelle 44
Gladbachtal 27
Grabenheimer Warte 1
Grauer Stein 31
Gronau, Kloster 21

Großer Mannstein 36
Großer Zacken 44
Gundelhard 36, 38
Gutenfels, Burg 17

Hahnstätten 8
Hallgarter Zange 25
Haneck, Ruine 18
Hansenberg 24
Hardtbergturm 40
Hardwald 43
Harras-Turm 28
Hauburgstein 40
Hausberg 50
Hausen 27, 28
Hausen b. Butzbach 50
Herzbachtal 18
Herzbergturm 42
Hessenpark 42
Hessenstraße 4
Hexenturm 43
Hoch-Weisel 50
Hofheim 38
Hohe Kanzel 33
Hohe Wurzel 30
Hohenstein, Burg 12
Hohlenfels, Burg 8
Holzhausen, Ort 11
Holzhausen, Römerkastell 11
Hundert Sufen 48
Hüttental 13

Idstein 34

Jagdhof 2
Jagdschloß Niederwald 23
Jammertal 10
Johannisberg, Ort 24
Johannisberg, Schloß 24

Kaisertempel 36
Kalsmunt 1
Kammerburg 20
Kamp 15
Kapellenberg 38
Katz, Burg 16
Katzenelnbogen, Burg 11
Katzenelnbogen, Ort 11
Kaub 16,17

Kellerskopf 33
Kiedrich 26
Kipplei 14
Königshofen 33
Königstein, Ort 40
Königstein, Ruine 40
Kransberg, Burg 46
Kransberg, Dorf 46
Kreuzkapelle, Camberg 6
Kreuzkapelle, Lorch 17
Kronberg, Burg 40
Kronberg, Ort 40
Kubacher Kristallhöhle 5
Kubach 5

Lahneck, Burg 13
Lahnstein 13
Landsteiner Mühle 48
Langschneise 38
Laukenmühle 18
Lauksburg 18
Leichtweißhöhle 32
Liebenstein, Burg 15
Liederbachtal 39
Lilly 12
Limburg 7
Limburger Dom 7
Lindschied 12
Lorch 17, 22
Lorchhausen 17
Loreley 15,16
Lorsbach 36
Lykershausen 15

Mapper Schanze 27
Märchensee 3
Märchenwald 8
Marienthal, Kloster 24
Marksburg 14
Marmorstein 42
Maus, Burg 15
Meisterturm 38
Michelbachtal 46
Miellen 13
Möttauer Weiher 4
Mühlbachtal 10
Münster b. Butzbach 50

Nassau, Burg 10

Nassau, Stadt 10
Neroberg 32
Nesselbachtal 29
Neufvilleturm 36
Neuweilnau 47, 48
Niedernhausen 33
Niederreifenberg 44
Niedertiefenbach 11
Niederwalddenkmal 23
Nollig, Burg 17
Nothgottes, Kloster 23

Oberauroff 34
Oberhain 42
Obernhof 9
Oberreifenberg, Burg 44
Oberreifenberg, Ort 44
Oberursel 41
Oranienstein, Schloß 7
Osterspai 14

Pferdskopf 45
Philippstein, Dorf 3
Philippstein, Ruine 3
Philippsburg, Jagdhütte 25
Platte, Café 29
Platte, Jagdschloß 33
Plätzermühle 11
Pohlbachtal 12
Presberg 19

Rabengrund 32
Ransel 20
Rauenthal 26
Rausch, Forsthaus 26
Retterhof 37
Rheinberg, Ruine 20
Rheingaublickhütte 28
Rheingauer Alp 19
Rheingauer Gebück 27
Riedelbach 45
Riedelbacher Heide 45
Rod a.d. Weil 47
Rossel 23
Rossert 37
Roßkopf 42
Roßstein 16
Rote Mühle 39
Roter Kopf 27

Rüdesheim 22, 23
Ruheplatz 27
Ruine Stein 10
Runkel, Burg 7
Runkel, Stadt 7
Runkeler Laach 7

Saalburg 42
Sandplacken 41
Sauerburg 17
Sauerthal 17
Schadeck, Burg 7
Scharfenstein, Ruine 26
Schaumburg, Schloß 9
Scheuern 10
Schiffstunnel 5
Schläferskopf 30
Schlangenbad 28
Schloßborn 35
Schmitten 44
Schorch 20
Schützenhaus 32
Schwarzenberg, Ruine 18
Schweizertal 13
Seegrund 2
Seelenberg 45
Silberberg 12
Singhofen 10
Sonnenberg, Ruine 32
Spitzer Stein 31
Spitznack 16
St. Georg, Kapelle 6
St. Goarshausen 15, 16
St. Hildegard 23
Steinsberg 9
Sterrenberg, Burg 15
Stoppelberg 1
Sülzbachtal 26
Susberg 25

Talhof 9
Teufelsfelsen 19
Teufelskadrich 22
Tiefental 17
Treisberg 45
Trompeterstraße 33

Unkenbaum 25
Urbachtal 16

Usingen 46

Vierseenblick 9
Viktoriatempel 40
Viktoriaweg 37
Vollrads, Schloß 24

Waldeck, Ruine 17
Waldschule 16
Waldsee 29
Weiherbachgrund 35
Weilburg, Schloß 5
Weilburg, Stadt 5
Weilquelle 44
Weiltal 44, 47, 48
Weiltalblick 47
Weiße Mauer 41
Weißlerhöhe 11

Welschmichelkopf 8
Werkerbachtal 20
Werkermühle 20
Wetzlar 1
Wiesbaden 32
Wildweiberhöhle 11
Windhof 5
Winterstein 49
Wirbeley 17
Wisper 21
Wisperblick 29
Wispersee 21
Wispertal 17, 18, 20, 21
Wolfskaut 12

Zollhaus 8
Zollstock 47
Zugmantel, Kastell 34